JUBILÉ ÉPISCOPAL DE SA SAINTETÉ PIE X

LA

Dame des Nations

DANS

L'EUROPE CATHOLIQUE

PAR

l'Abbé Joseph LEMANN

Prélat de la Maison de sa Sainteté
Chanoine honoraire de Lyon et de Reims

Tome Deuxième

Paris

V. LECOFFRE, libraire-éditeur, 90, rue Bonaparte.

Lyon

Librairie E. VITTE | Librairie A. NOUVELLET
3, Place Bellecour. | 3, Aven. de l'Archevêché

1909

La Dame des Nations

DANS

L'EUROPE CATHOLIQUE

LA

Dame des Nations

DANS

L'EUROPE CATHOLIQUE

PAR

l'Abbé Joseph LÉMANN

Prélat de la Maison de Sa Sainteté
Chanoine honoraire de Lyon et de Reims

Tome Deuxième

Paris

V. LECOFFRE, libraire-éditeur, 90, rue Bonaparte.

Lyon

Librairie E. VITTE | Librairie A. NOUVELLET
3, Place Bellecour. | 3, Aven. de l'Archevêché.

1909

DÉDICACE

AU CHER SOUVENIR

DU VÉNÉRABLE SERVITEUR DE DIEU

JEAN-CLAUDE COLIN

PRÊTRE

ET FONDATEUR DE LA SOCIÉTÉ DE MARIE

HOMMAGE

A

SA SAINTETÉ LE PAPE PIE X

À L'OCCASION DE SON JUBILÉ ÉPISCOPAL

(16 novembre 1884. — 16 novembre 1909)

La plus douloureuse épreuve a traversé mon existence, tandis que j'achevais la composition de ce deuxième volume : mon bien-aimé frère jumeau, qui ne faisait avec moi qu'un cœur et qu'une âme, m'a dit son dernier adieu, après avoir usé sa vie dans le service de la Sainte Eglise catholique. *Factus sum sicut passer solitarius in tecto*, je suis devenu comme le passereau solitaire sur un toit : c'est le gémissement d'un des psaumes, et c'est aussi mon gémissement. Plein de compassion pour ma grande douleur, Notre Très Saint-Père Pie X a daigné l'adoucir par la lettre suivante, entièrement écrite de sa main paternelle. Puisse le cher lecteur, s'unissant à cette auguste compassion, diriger deux petites prières secourables, l'une, vers la tombe du frère tendrement aimé, l'autre vers le pauvre solitaire, pour soutenir son courage et son entier abandon à la sainte volonté de Dieu. Je ne cesserai de répéter, tout le reste de mes jours, avec mon frère dans les cieux :

O Jésus, votre Evangile a été la lumière, la force, et la consolation de notre vie !

O Marie, vous étiez notre blanche Sœur, et vous êtes devenue notre divine Mère !

5 août, fête de Sainte Marie des Neiges 1909.

J. L.

LETTRE DE SA SAINTETÉ

Dilecte fili,

Dolorem tuum vehementer doleo, dilecte fili, ob carissimi fratris tui mortem, et una cum divinae voluntati conformatione quae a fide proveniunt sola, mira tibi a Domino adprecor. Solamina vero plurima tibi occurrant, si tantummodo dilecti Augustini vitae rationem consideres, per quam ipse ad praemium vocatus non solum coram Deo gratus effun. Det, ut precibus optatus tibi quidem, sed eo magis, ut qui in terrestri vita unanimes fuerunt diversi, sic et in coelesti gloria non sint separati.

Tantum autem te reddere gaudes, quod si vix accepto mortis nuntio desideratissimam animam Deo commendans, ita tuo desiderio preces quam primum ad ejusdem expiationem sacrum offerre satagam.

Interea, coelestium bonorum auspicem et meae benevolentiae testem, Apostolicam Benedictionem tibi peramanter impertio.

Die 28 Junii 1909.

Pius PP. X

Dilecto filio Joanni Josepho Laman,
Lugdunum.

TRADUCTION

Très cher Fils,

« *Ma douleur s'associe profondément à votre douleur, très cher fils, à cause de la mort de votre frère
bien-aimé ; mais aussi, en conformité avec la volonté divine, je sollicite du Seigneur pour vous les
consolations qui viennent de la foi. Certes, beaucoup
de consolations se présentent à vous, rien qu'en considérant la vie du cher Augustin ; appelé à la récompense, il répandra ses prières devant Dieu pour que,
non seulement vous obteniez les grâces que vous dé-
sirez, mais surtout pour que ceux qui n'ont jamais
été séparés sur la terre ne soient pas séparés dans la
céleste gloire.*

« *Tenez pour certain, qu'à l'annonce de la mort
de votre frère, je me suis empressé de recommander
son âme à Dieu, et que selon votre désir, j'offrirai,
au plus tôt, le Saint-Sacrifice pour le repos de son
âme.*

« *En outre, comme gage des faveurs célestes et de
notre bienveillance, je vous accorde du fond du cœur
la Bénédiction apostolique.*

« Pie X, Pape.

Jour du 28 juin 1909.

TROISIÈME PARTIE

Les beaux jours des Nations et l'éclat de Notre-Dame à l'époque de la chrétienté.

PREMIÈRE SECTION

Son éclat dans les bienfaits qu'elle répand.

CHAPITRE PREMIER

L'épopée mémorable de la chrétienté.

I. Le concert d'union fraternelle va produire, pour les nations européennes, le resplendissement de leurs beaux jours. Mais la durée de ce concert est subordonnée à l'observance de trois conditions essentielles. — II. L'époque de la chrétienté présente l'évolution harmonieuse de ces trois conditions, sous la sauvegarde du Pontife romain. Le délicieux cantique du Prophète royal : *ecce quam bonum et quam jucundum habitare fratres in unum*, avec ses riantes images, trouve un accomplissement public dans la chrétienté. Cadre plein de vie et d'entrain où la belle Dame des nations va répandre l'éclat de ses bienfaits.

I

Il nous a été donné d'admirer, dans la vocation de chaque nation européenne, l'éclat naissant d'une aurore. Le concert de leur union fraternelle va nous placer sous le resplendissement de leurs beaux jours.

Les beaux jours des nations : cette pensée fait du bien à l'âme. C'est si bon d'avoir de beaux jours !

Le concert d'union fraternelle qui va produire cet état de bonheur, se prolongera aussi longtemps que deux célestes veilleurs seront écoutés dans leur veille sur son jeu, son harmonie : ces deux veilleurs, la belle Dame des nations et le Pontife romain. Ensemble ils auront soin que ce concert bienfaisant pour le monde soit subordonné à trois conditions essentielles.

La première sera le *respect du but*. Bien connaître le but pour lequel on est uni, s'en rendre un compte très exact, et puis, une fois qu'on le connaît, le respecter, voilà bien la base solide et rassurante de l'union fraternelle. Il y a une sentence des anciens qui dit : « En toutes choses regarde la fin, le terme, *in omnibus respice finem* »; ceux qui sont unis fraternellement doivent en faire la devise de leur union. Lorsqu'on est tenté de se désunir, le *respice finem*, regarde le terme, doit être sévèrement médité. Pourquoi Dieu m'a-t-il conduit à cette union? à quelle fin, dans quel but? Ce but, autant qu'il est en moi, je dois le respecter.

L'expérience est là, qui atteste combien cette connaissance et ce respect du but contribuent à maintenir l'union. Voici, par exemple, des cœurs et des intelligences que Dieu a unis pour une œuvre commune. Il y a, dans cet assemblage, des caractères différents, des éducations différentes, des manières de voir différentes. De cette diversité naîtront des difficultés, c'est incontestable. Mais une chose maintiendra l'unité, c'est le but. Son apparition fixe imprimera à la conscience de chacun ces réflexions généreuses : « Le but avant tout ! ma personne, après. Ce n'est pas moi qu'il faut que je considère, c'est l'entreprise ». Et alors éclairé par cette direction magnanime, par cette lumière du terme qui apparaît dans le lointain, on passera sur bien des choses, on se trouvera fort, on fera bon marché de mille contrariétés qui faisaient entrer en tentation contre l'entreprise, on respectera l'union.

O belle Dame des nations, vous veillerez avec le Pontife romain sur ce respect du but dans le concert des nations chrétiennes.

La deuxième condition du concert sera la *variété dans l'unité.* — L'écueil le plus dangereux de l'union fraternelle a toujours été la confusion.

On souffre entre frères de la confusion lorsque, au sein de la société que l'on forme, les rôles et les attributions de chacun ne sont pas nettement délimités. Cela peut arriver fortuitement, sans que la faute en soit à personne, lorsque, par exemple, au début de la société fraternelle, on a oublié de déterminer les devoirs et les droits de chacun. Mais cette confusion, au lieu d'être fortuite, peut aussi être coupable : lorsqu'elle est introduite par l'esprit de domination. Il y a des hommes qui veulent être tout dans une œuvre, dans une maison, dans une entreprise ; et qui, même avec de bonnes intentions, ne permettent pas que rien échappe à leur influence. Toute chose et toute personne doivent relever d'eux. Ils veulent être non seulement le centre, mais tous les rayons. Que s'en suit-il ? L'asservissement de leurs frères, c'est-à-dire la plus

pénible confusion. Souffrance aussi grande et, peut-
être même, plus grande que celle de la désunion.
Quelle sera donc la loi qui ressortira naturelle-
ment de la connaissance de cet écueil? Cette loi,
cette condition essentielle : L'unité, mais avec la
variété : de telle sorte que la variété ne nuise pas
à l'unité, mais que l'unité, à son tour, n'empêche
pas, n'absorbe pas la variété. Telle est la loi féconde de la variété dans l'unité. Contemplons-la
maintenant dans la pratique :

Voici plusieurs frères à un foyer, ou encore, plusieurs amis réunis dans une œuvre commune. En
quoi la variété devra-t-elle consister, et en quoi
l'unité? La variété consistera en ce que le rôle de
chacun sera clairement défini, la situation de chacun, nettement dégagée. Mais aussi l'unité consistera en ce que les regards de tous, les efforts
de tous convergeront vers le même but, et qu'ils
n'auront qu'une pensée commune. Il y aura encore
variété en ce qu'une grande liberté sera laissée
à chacun pour les détails; il faut que chacun puisse
épanouir largement les richesses de sa personna-
lité, les qualités, les dons qu'il a reçus du ciel. Mais
il y aura unité, si, à côté de la liberté pour les détails, il y a entente pour les grandes lignes. On
ressemble alors à une belle allée d'arbres qui forme
l'avenue d'une somptueuse demeure. Trop rapprochés les uns des autres, les arbres se seraient
nui mutuellement et n'auraient pas acquis tout
le développement qu'ils ont obtenu. Trop éloignés

ils n'eussent pas mêlé leur ombrage. Mais l'habileté
a consisté en ce qu'ils fussent suffisamment à dis-
tance par leurs racines, de telle façon que les cimes
se sont rejointes, se sont entrelacées, et ne forment
plus qu'une seule ombre dans la lumière qui les
environne.

Tel est donc ce jeu délicat de l'union fraternelle :
l'unité n'empêchant pas la variété, et la variété ne
nuisant pas à l'unité.

O belle Dame des nations, vous veillerez, avec
le Pontife romain, sur cette variété dans l'unité
au milieu des nations chrétiennes.

La troisième condition de l'harmonie de famille
entre les nations sera un *esprit de réjouissance*.

Apportée du ciel, multiple et variée à l'infini
parce qu'elle est fille de l'Infini, la charité revêt
une forme spéciale dans l'union fraternelle. Entre
frères, la charité s'exprime plus particulièrement
par l'esprit de réjouissance. Qu'est-ce que cet
esprit de réjouissance? C'est un esprit de charité
qui fait qu'un frère se réjouit du bien que produit
son frère, du succès qu'obtient son frère, en vue
de l'œuvre commune. Il n'est pas possible de dire
combien un pareil esprit de réjouissance contribue
à l'union fraternelle. En effet, lorsqu'on s'aperçoit qu'on est environné de cœurs qui, loin de vous
jalouser, applaudissent à vos succès et participent à
votre bonheur, oh ! alors, on épanche soi-même son
âme, car dans la joie on a besoin de se donner. Cela

produit une sorte de mélange des cœurs dans la béatitude, une compénétration des âmes, qui est d'une douceur infinie.

O belle Dame des nations, vous veillerez, avec le Pontife romain, à ce que cet esprit de réjouissance exclue la jalousie du concert de famille européen.

L'allégorie antique représentait la concorde couronnée de guirlandes, tenant d'une main deux cornes d'abondance entrelacées, et de l'autre une pomme de grenade symbole de l'union.

O belle Dame des nations, vous allez vous complaire à réaliser en leur faveur cette riante image ; dans le concert de leur union fraternelle, vous déploierez l'éclat de vos bienfaits. Quels beaux jours pour elles !

II

Apparais maintenant, harmonieuse chrétienté. L'union fraternelle entre les nations européennes, avec sa triple efflorescence du but respecté, de la variété dans l'unité, de l'esprit de réjouissance, n'aura pas été une utopie, ni un simple mirage ; mais elle constituera une époque mémorable, un laps de plusieurs siècles, qui va porter dans l'histoire le nom célèbre de chrétienté. Il est utile d'observer qu'à l'époque de la chrétienté l'Europe est toute catholique. Il n'est pas question de recours à cette qualité de catholique, parce qu'il n'y a pas de dissidences chez elle sur les dogmes fondamentaux de la religion, pas de dissidences, non

plus, sur le groupement de famille autour de la
Vierge Marie, la bonne Dame de tout le monde.
Ce n'est que plus tard, quand la chrétienté se dis-
soudra sous des ouragans dévastateurs, que l'Europe se partagera en deux camps, les nations catholiques et celles qui ne le sont plus. Mais à l'é-
poque de la chrétienté, elle a le bonheur d'être
entièrement catholique.

Voici, en raccourci, cette harmonieuse chrétienté :

Le Pape en est la tête. Il exerce sur l'Europe
chrétienne une autorité, non pas d'administration, ni de gouvernement, mais de haute direction.
Ce n'est plus l'empire qui voulait tout absorber,
s'approprier toutes les couronnes. Etats, couronnes,
nationalités, tout subsiste, tout vit, tout s'agite
à son gré. Rome est donc la tête qui garde par
sa surveillance l'harmonie entre les membres,
et tout en ne leur imposant aucune entrave leur
donne l'impulsion et guide leurs mouvements.
Au dedans, elle veille à ne pas laisser s'introduire
la dissolution dans le corps de la chrétienté, et
au dehors elle remue ce corps, elle conduit la chrétienté comme un seul homme. C'est ainsi que la Pa-
pauté s'efforce partout de maintenir la paix ;
qu'elle intervient dans toutes les guerres intes-
tines pour substituer à la loi du plus fort la loi de
justice ; qu'elle se fait, à leurs propres prières,
l'arbitre des princes, des rois, des peuples. C'est
encore ainsi qu'elle fera de tous un vaste corps et

une puissante armée, qu'elle leur donnera un même drapeau, qu'elle leur montrera un même but, qu'elle confiera au plus puissant et au plus brave la défense commune, et qu'elle lancera la chevalerie occidentale contre les invasions renouvelées de l'Asie infidèle.

En présence de cette harmonieuse organisation de la chrétienté, un délicieux cantique du Prophète Royal trouve pour la première fois un accomplissement public, européen. Ce cantique plein de fraîcheur et d'originalité, résumait parfaitement et même sensibilisait presque toutes les conditions d'union fraternelle entre les peuples sous la direction d'amour du Pontife romain.

Le cantique débute ainsi :

Oh ! que c'est une chose bonne et agréable que les frères soient unis ensemble.

Puis, le cantique ajoute, et c'est là son originalité : *Cette union, c'est comme l'huile parfumée qui, répandue d'abord sur la tête du grand-prêtre Aaron, descend de sa tête sur sa barbe et descendant encore, arrive, en parfumant tout le vêtement sur son parcours, jusqu'à l'extrémité, jusqu'aux franges de sa longue robe d'honneur* [1].

Dans ce pays de l'Orient où les parfums sont si appréciés parce qu'ils y sont nécessaires, le Prophète royal ne pouvait employer, pour décrire l'exercice de l'union fraternelle, une image plus

[1] *Ps.* cxx.

noble ni plus gracieuse que celle de l'effusion de cette huile odoriférante au jour du *sacre* d'Aaron. En effet, qu'on remarque :

C'est d'abord la tête du Grand Prêtre qui est désignée comme recevant tout le parfum, lequel ensuite se répand plus bas. Pourquoi? parce que dans la pensée du Prophète royal, l'unité entre frères doit participer d'une tête, d'un chef ; voilà pour l'*unité*.

Mais ensuite le Prophète royal a soin d'énumérer, sur le parcours du parfum qui descend : et la *barbe majestueuse* d'Aaron, et *sa poitrine* où étincellent, gravés sur quatre rangs de pierres précieuses, *les noms des douze tribus* d'Israël ; le parfum les baigne et les embaume, chacune à leur place, et ruisselant toujours, arrive jusqu'aux franges mêmes du vêtement sacerdotal, *jusqu'à l'extrémité de la robe d'honneur*. — Toute cette richesse de détails n'exprime-t-elle pas, d'une manière exquise, la *variété* qui doit exister à côté de l'unité, au sein de l'union fraternelle?

Ce n'est pas tout. Qu'on observe qu'il s'agit d'un parfum précieux dont l'odeur embaume et produit une dilatation de bien-être : symbole de l'*esprit de réjouissance* qui doit animer, dilater des frères bien unis ;

Et qu'on remarque enfin que ce parfum délectable est une huile odoriférante ; l'huile a toujours été le symbole de l'*indulgence* qui doit animer les membres d'une même famille.

Tel est le célèbre cantique de l'union fraternelle. Le Saint-Esprit soufflant à travers cette poésie orientale, ne pouvait inspirer au royal ancêtre du Messie une comparaison plus juste et plus gracieuse. « Oh que c'est une chose bonne et agréable que les frères soient unis ensemble ! C'est comme une huile parfumée qui, répandue d'abord tout entière sur la tête, descend et se répand ailleurs ! »

Voilà donc, rassemblé dans un type oriental, tout ce qui contribue à l'union fraternelle et à son bonheur. Eh bien, l'Occident a reproduit ce type exactement et superbement dans la chrétienté. Le Pontife romain est la tête qui imprime la direction. Sous sa houlette, royaumes et petites républiques se meuvent à l'aise, un cercle d'amour les enveloppe. Le but commun est respecté de tous. La bravoure est applaudie, on est généreux les uns à l'égard des autres. L'Europe ne présente que des catholiques. Et ce qui achève le bon ordre, c'est que le sacre qui fait les Pontifes, est partagé par les rois : le sacre, cette huile de joie qui descendait du prince sur les sujets. Et ainsi, l'Europe, au temps de la chrétienté, ne forme qu'une famille : rois et peuples sont disposés à entreprendre ensemble de grandes choses.

Dans ce cadre plein de vie et d'entrain, venez, belle Dame des nations, répandre l'éclat de vos bienfaits.

CHAPITRE II

Premier bienfait de Notre-Dame :
La réciprocité d'amour qu'Elle provoque à l'égard
du Dieu d'amour.

I. Elans que la passion religieuse imprime aux Nations
chrétiennes ; de quoi elles seront capables. Feu sacré
de la Vierge Marie qui s'y mêle. — II. Elles deviennent les propagatrices du monothéisme. Le peuple
juif dispersé ne saurait revendiquer cet honneur :
preuves historiques, preuve doctrinale. Daigne la
Reine des anges rajeunir pour les restes d'Israël la visite des trois anges à Abraham qui n'adore qu'un Dieu
en les recevant. — III. Les Nations se prêtent à l'u-
nion divine ; leur empressement et leur allégresse à
répondre à l'invitation des noces eucharistiques ; la
rose blanche chantée par Dante Alighieri exprime leur
belle ordonnance au festin du divin amour sous l'égide
de la blancheur de Marie. — IV. Elles se passionnent
pour les Croisades, Marie inspire leur élan : par la
croix, par l'Angélus, par le nom de Jérusalem. Apologie des croisades ; l'Europe y a présenté le spectacle
des « merveilleux effets du divin amour » décrits par
l'auteur de l'*Imitation*.

I

Le bienfait qui éclate tout d'abord dans la chrétienté est la réciprocité d'amour, soulevée comme
un océan, à l'égard du Dieu d'amour.

Cette réciprocité d'amour, quand elle partait
d'un Franc, d'un Germain, d'un Espagnol, d'un
Anglais, honorait déjà la nation à laquelle appar-

tenait le champion du Christ. L'honneur augmentait si la nation elle-même prenait fait et cause pour son Dieu. Mais ici l'honneur atteint son apogée, car la réciprocité d'amour enflamme toutes les nations européennes ensemble. Cette flamme des nations pour le Dieu Sauveur est appelée par les historiens « la passion religieuse ».

Quelle noble attitude la passion religieuse ne vient-elle pas imprimer aux dispositions et facultés des nations européennes. Elles ont encore la sève de la jeunesse; et, nonobstant la fougue d'autres passions blâmables, le Christ est resté leur premier amour ; ni le doute, ni la lassitude, ni la rivalité, ne se sont point encore levés dans ce premier amour pour l'ébranler. En outre, l'âge mûr a commencé pour elles, et l'âge mûr, c'est le moment du travail, l'ère des créations généreuses, grandioses. C'est pourquoi, si la passion religieuse vient se greffer sur ces dispositions, il se produit chez elles l'enthousiasme dans l'esprit, l'héroïsme dans l'action. Pour elles, plus de difficultés, plus d'obstacles ni d'entraves. Les intérêts matériels disparaissent ; les plus grandes souffrances prennent du charme, les tourments ne sont rien, la mort même se présente comme une illusion séduisante.

Enfin, si, à ce foyer de multiples et vives flammes, s'adjoint un feu sacré jaillissant du cœur et des exemples d'une divine et belle Dame, on comprend quel incendie d'amour la passion religieuse des nations européennes sera capable d'allumer dans le monde. Ne sera-ce pas la réalisation, en partie, du vœu exprimé par le Christ : *Je suis venu pour jeter le feu sur la terre ; et que désiré-je, sinon qu'il s'allume.*

En tête de chaque partie du programme que cette noble passion va mettre à exécution, quelle douceur de voir toujours briller votre feu sacré, ô belle Dame des Nations.

II

« Son nom est saint, *sanctum Nomen ejus* » avait prononcé la Vierge Marie dans son *Magnificat* devenu le programme de l'avenir.

Qui est-ce qui a rempli cette première partie du programme? Qu'est-ce qui a sanctifié le Nom du Seigneur?

A cette question, un rival se dresse, le peuple juif qui dit: Nous avons été dispersés pour propager la croyance à l'unité de Dieu et sanctifier ainsi le Nom du Seigneur.

Illusion ! pauvre peuple retardataire ; ce sont les nations qui, en acceptant de l'Eglise le dogme de la sainte Trinité ou d'un seul Dieu en trois personnes, s'enflamment de la passion religieuse du monothéisme. Oui, le peuple d'Israël a été le dépositaire et même le défenseur du monothéisme ou de l'unité de Dieu ; mais les nations en deviennent les propagatrices. En effet, si l'on considère le peuple juif chez lui, dans sa Judée, *toute son* histoire nous le montre enclin à l'idolâtrie, et ne restant fidèle au dogme de l'unité de Dieu qu'à force de châtiments et de miracles. La Loi mosaïque « un seul Dieu tu adoreras » a eu besoin de toutes les foudres de sa promulgation au Sinaï et de tous les prodiges de la destinée de ses dépositaires, pour se maintenir dans le seul peuple juif, sans pouvoir pénétrer chez les autres peuples. De fait, le peuple juif n'a jamais agi sur le milieu environnant, ni sur les Assyriens, ni sur les Babyloniens, ni sur les Égyptiens, mais c'est lui qui subissait l'influence de leurs mœurs idolâtriques. Son illusion a commencé avec la dispersion pénale dont il a été l'objet après le drame du Calvaire.

A cette heure même, les nations sont appelées par l'Eglise catholique, et la célèbre annonce du prophète Malachie se vérifie au milieu d'elles : *depuis le lever du soleil jusqu'au couchant, mon Nom est grand parmi les Nations, et l'on offre à mon nom une oblation pure.* Le polythéisme et l'idolâtrie disparaissent de chez elles et d'une grande partie de la terre. O Marie, quelle céleste allégresse dans votre cœur quand il vous a été donné de contempler le programme de votre *Magnificat* se réalisant au large : *Sanctum Nomen ejus,* son Nom est saint.

Mais qui est-ce qui a produit cette heureuse et étonnante révolution ? C'est la communication que l'Eglise apostolique a faite aux nations de la vie intime de Dieu. Elles ont su d'elle que Dieu est

un, mais qu'il n'est point solitaire, parce que le
Messie venu avait initié le genre humain à un secret de famille, en lui révélant la vie intime de
Dieu. L'Emmanuel se comparait avec complaisance
à un père de famille qui tire de son trésor des choses
anciennes et des choses nouvelles ; de son trésor
il a tiré des choses anciennes, puisqu'il a rappelé
l'unité de Dieu ; ah ! il n'a point ébranlé le Sinaï,
mais il l'a consacré. Et de son trésor, il a tiré des
choses nouvelles, puisqu'il nous a introduits par la
foi dans le secret du sein de Dieu, pour nous y introduire plus tard par la gloire. Voilà le secret de
famille que les Nations ont accepté avec enthousiasme des lèvres de l'Eglise apostolique, et répu-
diant à l'envi leur vieux polythéisme sur lequel
le peuple juif s'était montré impuissant, elles se
sont passionnées pour le monothéisme, faisant
grand le Nom du Seigneur au milieu d'elles.

O Israël, toi aussi, un jour, tu entreras dans ce
secret de famille. L'unité de Dieu ayant toujours
été ton patrimoine, tu viendras compléter ton hé-
ritage. Tu n'es pas un peuple d'opposition doctrinale, mais un peuple en retard d'intelligence et
d'amour. Alors s'éclaircira et se renouvellera pour
toi la célèbre vision d'Abraham, jusqu'ici incom-
prise de tes enfants : lorsqu'au milieu de la chaleur du jour le patriarche, assis à la porte de sa
tente dans la vallée de Mambré, aperçut tout
à coup le Seigneur qui venait à lui sous la forme de
trois anges ; il courut à leur rencontre, — et vous

aussi, ô fils d'Abraham, vous courrez, l'amour en retard vous donnera des ailes ! — èt se mettant aux genoux de ses sublimes visiteurs, le patriarche vit *trois personnes*, mais n'adora qu'*un Dieu*.

O Marie, puisque vous êtes devenue la Reine des Anges, vous saurez rajeunir cette vision, cet empressement et cette unique adoration.

III

Autre élan de la passion religieuse chez les Nations : l'acceptation de l'union divine.

Là encore, la souriante Vierge, la belle Dame ouvre la marche. En même temps qu'elle avait prononcé son *Magnificat*, Marie n'avait-elle pas communiqué, dans la maison de Zacharie, Jésus qu'elle portait dans son sein virginal : prélude de l'union divine que Jésus avait ensuite établie en faisant de sa chair et de son sang le festin royal de l'humanité.

Tous les hommes sont invités à ce festin ineffable. Les voix d'appel ou d'invitation remplissent les siècles. Le prophète royal a caractérisé jusque dans la nature ces voix d'appel : *Voix du Seigneur sur les eaux, voix majestueuse qui retentit sur les grandes eaux. Voix puissante du Seigneur, voix magnifique, voix du Seigneur brisant les cèdres, les cèdres du Liban; voix du Seigneur dispersant les flammes; voix du Seigneur faisant tressaillir le désert, le désert de Cadès; voix du Seigneur hâtant les cerfs au temps de l'enfantement, et révélant les profondeurs mystérieuses des bois.*

Pour le peuple d'Israël, les voix d'appel ou d'invitation se précisèrent. Venez au festin, lui disait l'Agneau pascal, figure sensible et parlante;—disait la manne, symbole transparent et si doux; — disaient les pains de proposition renouvelés chaque jour comme le pain vivant descendu du ciel ; — disaient tous les sacrifices multipliés chaque jour, sacrifice de bêtes immolées comme l'Agneau de Dieu qui porte les péchés du monde, sacrifice de liqueurs répandues comme le sang de la croix, sacrifices de parfums brûlés et de lampes entretenues, comme l'oblation permanente de celui qui est immolé dès la constitution du monde. Venez au festin, disaient les prophètes et les voyants : ils décrivaient dans la suite des siècles, la naissance, l'histoire et la mort de Celui qui devait venir, et ils contemplaient l'oblation pure qui devait être offerte dans tous les lieux de l'univers.

Quand le banquet royal de l'Eucharistie ou de l'union divine vint justifier toutes les figures qu'il avait annoncées, le peuple d'Israël, hélas ! ferma son oreille et son cœur aux voix d'appel qui l'avaient invité le premier; et alors l'invitation se retourna du côté des Nations.

Avec quel empressement joyeux, quelle passion religieuse les Nations lui répondirent. Tandis que les pauvres enfants d'Israël s'obstinaient à l'écart dans le refus et le dédain, les enfants des Nations déployaient, pour la divine nourriture, un luxe d'amour, de pureté et de virginité. Des missionnaires circulaient partout, annonçant cette bonne nouvelle : vous êtes invités chez Dieu. La Table eucharistique accompagnait, prévenante, l'invitation : les familles trouvaient l'union divine à portée de leurs demeures. Enthousiastes et reconnaissantes, les Nations se mettent à favoriser la douce voix d'appel qui sortait du Tabernacle : *Venez à moi, vous tous qui êtes fatigués.* De là les tours des cathédrales, l'humble clocher des églises, le son des cloches, l'harmonie des orgues, la lueur des lampes, les jours radieux du sanctuaire, l'obscurité mystérieuse des longues nefs, la croix au bord des chemins, l'image bénite au coin des rues : tous ces signes de zèle formaient un magnifique système de voix qui invitaient, pressaient, enchantaient pour conduire au festin de l'union divine. Les Nations ne montrent-elles pas alors l'entrain entrevu et chanté par Isaïe : *Je vais étendre, dit le Seigneur, ma main vers les Nations, et j'élèverai mon étendard devant tous les peuples, Ils vous apporteront vos fils entre leurs bras, et ils vous amèneront vos filles sur leurs épaules* [1]. Ces fils des Nations apportés entre les bras, ces filles amenées sur les épaules, pour être faits, par le baptême et la communion, enfants de Dieu et de l'Eglise, n'expriment-ils pas le plus délicieux tableau de l'union divine?

---

[1] *Isaïe*, XLIX, 22.

La coopération de Marie, Reine des Anges, achève la beauté et la douceur du tableau. Qui est-ce qui conserve le trésor de l'innocence dans le cœur de ces jeunes fils? Qui est-ce qui noue les voiles blancs au front de ces jeunes filles? N'est-ce pas la Reine des Anges qui est jalouse de l'état de blancheur dans chaque âme communiante, et qui la conduit comme une fiancée timide enveloppée de sa pudeur et de ses voiles, au festin nuptial de Jésus? La chrétienté agenouillée à ce festin nuptial réalise vraiment le symbole de la rose blanche chantée à cette époque par Dante Alighieri. Le célèbre poète catholique dépeint l'union qui règne au ciel, sous l'emblème délicat d'une grande rose blanche. Chaque feuille de la rose exprime le trône d'un bienheureux ; c'est la variété conservée au ciel; la rose, dans l'union de ses feuilles, représente l'unité enveloppant la variété ; enfin par la blancheur, tous les élus sont embaumés de pureté et de sainteté. Céleste description qui envoyait son reflet, plus bas, sur la chrétienté pratiquant l'union divine. Au banquet eucharistique s'épanouissait la variété, on apercevait le pauvre à côté du riche, le vassal à côté du seigneur, la servante à côté de la jeune damoiselle. Mais l'unité formait couronne autour de la variété, par la même flamme d'amour dans toutes les âmes, la même passion religieuse envers l'Hôte divin du Tabernacle. Et l'état de blancheur entretenu dans les âmes par la Reine des anges, lui permettait d'offrir la chrétienté à son

Divin Fils, au jour d'une grande communion comme une superbe et suave rose blanche.

IV

Suprême élan de la passion religieuse : les croisades.

Lorsque la Mère de Jésus se tenait debout à côté de la Croix sur le Calvaire de Jérusalem, sa noble et inébranlable stature préparait l'élan et la persévérance des croisades.

En effet, cet élan s'alimente à un triple foyer où rayonnait le souvenir de la Femme forte : la Croix, l'*Angelus*, le nom de Jérusalem.

Qu'est-ce qui a fait les croisades, avant le glaive, avant le génie, avant tous? Ce fut la Croix de Notre-Seigneur Jésus-Christ. Urbain II, au concile de Clermont, l'attacha sur l'épaule des chevaliers. Godefroy de Bouillon la baisait dans la garde de son épée. Pierre l'Ermite, sur son humble monture, la tenait à la main. Dans toute l'Europe, la chaire chrétiennne n'eut plus d'autre sujet de prédication que la croix . Plusieurs fois, rapportent les chroniques, des croix miraculeuses apparurent sur le front ou les vêtements des auditeurs. Les croisés la glòrifièrent par leur mille souffrances et leurs privations héroïquement supportées. Et enfin, Jérusalem étant prise, elle fut triomphalement replacée au Calvaire. Quelle ineffable satisfaction pour Marie en contemplant la Croix de son Jésus multipliée presque à l'infini et rayonnante comme les voies lactées, en amas d'étoiles.

L'*Angelus* entretenait aussi l'élan. Il est remarquable que la suave et joyeuse prière de l'*Angelus* fut inaugurée aux croisades. A partir du départ de l'armée des croisés, disent les historiens, la récitation de l'*Angelus* trois fois par jour, au son de la cloche de chaque paroisse, se répandit dans la France entière, et de là, dans la chrétienté. Ce fut le tocsin de l'Evangile contre le Coran, de la Croix contre le Croissant.

Le nom de Jérusalem achevait d'enflammer les croisés. Ils se précipitaient vers l'Orient pour y reconquérir, avec le saint Tombeau, tous les lieux sanctifiés jadis par votre présence, ô Marie. Car on ne séparait pas alors votre pensée de celle de votre Fils, et les pauvres petits enfants des Croisés, qui traversaient l'Europe à la fin du douzième siècle, demandaient en entrant dans chaque bourgade : « Est-ce là Jérusalem? » ces pauvrets songeaient à Marie en même temps qu'à Jésus.

On a critiqué les croisades à bien des points de vue. On les a critiquées au nom de l'humanité : tant d'hommes, de femmes, d'enfants, de vieillards qui ont succombé dans ces expéditions lointaines et sanglantes. C'est vrai.

Au nom de la justice. Tant d'excès commis par les bandes souvent désordonnées des croisés. C'est vrai.

Au point de vue de l'art militaire. Trop souvent manque de stratégie, manque de discipline entre les soldats et d'harmonie entre les chefs. C'est vrai encore.

Avez-vous d'autres critiques à apporter, historiens détracteurs de vos propres gloires, qui trouvez trop d'étoiles au firmament de vos patries chrétiennes? apportez-les donc, dans leur justesse ou dans leur exagération. Je vous les accorde toutes. Mais je vous défie, à mon tour, de récuser cette merveille prépondérante qui a été l'âme des croisades, cette vertu publique, colossale : les croisades ont été, pendant deux siècles, la manifestation *du désintéressement des Nations*, par amour pour Jésus-Christ. Qu'il soit permis à un fils d'Israël devenu prêtre catholique de louer bien haut ce que vous avez accompli de plus touchant et de plus magnifique, ô Nations chrétiennes. J'ai ouvert l'*Imitation* de Jésus-Christ et j'y ai trouvé avec ravissement l'apologie, ce semble, des croisades au chapitre intitulé : les *Merveilleux effets de l'amour divin*[1].

C'est quelque chose de grand que l'amour. Il donne tout pour posséder tout. C'est ce qu'on fit aux croisades. On donna tout pour posséder le tombeau de Jésus-Christ.

Celui qui aime, court, vole ; il est dans la joie, il est libre, et rien ne l'arrête. C'est ce qu'on vit avec

---

[1] Liv. III, chap. v.

ampleur au temps des croisades. On vit des populations entières se déplacer. Elles avaient des ailes. « Toute créature, disent les chroniques, voulait s'enrôler dans la milice du Créateur[1]. »

L'amour rend léger ce qui est pesant. Il porte son fardeau sans en sentir le poids. Il rend doux ce qu'il y a de plus amer. On l'expérimenta avec délices aux croisades. Oui, des troupes d'enfants, oui, des vierges timides, des vieillards tremblants sous le poids des années, marchèrent à la guerre sainte. Ils tombaient de fatigue en chemin, mais ils aimaient ; ils tombaient sous le fer des Sarrasins, mais ils offraient leur vie à l'amour, et leur front à la couronne. Ils avaient dit, en partant, aux guerriers : « Vous, vaillants et forts, vous conquerrez la terre sainte ; pour nous, nous conquerrons de suite le Paradis[2]. »

L'amour est généreux. Il aspire à s'élever et ne se laisse arrêter par rien de terrestre. O femmes, vous l'avez bien montré au temps des croisades, une généreuse émulation vous entraîna toutes. « Elles vendaient leurs parures, disent les mémoires, comme les chevaliers vendaient leurs domaines. Tout l'or de l'Europe semblait insuffisant à payer la rançon de Jérusalem[3]. »

L'amour veut être libre, et dégagé de toute affection du monde ; ni retardé par les biens, ni abattu

---

[1] DARRAS, *Histoire de l'Église*, t. XXIII, p. 341.
[2] *Id.*, p. 334.
[3] *Id.*, p. 366

par les maux du temps. Ah! lorsque, au moment des derniers adieux, tu partais pour la croisade, ô chevalier, les sanglots s'amoncelaient étouffés dans ta poitrine ! « Les pleurs d'une épouse chérie, de tendres enfants, de ceux qui restaient, coulaient devant lui, et il sentait son cœur déchiré. Mais lui, ajoutent les chroniques, il affectait une fermeté presque cruelle, et il partait l'œil sec, parce que « l'amour veut être libre et dégagé pour Jésus-Christ[1] ».

L'amour souvent ne connaît point de mesure, mais comme l'eau qui bouillonne, il déborde de toutes parts. L'amour tente plus qu'il ne peut, jamais il ne prétexte l'impossibilité, parce qu'il se croit tout possible et tout permis. Ce fut là le caractère saillant, et aussi la victorieuse justification des croisades. Souvent on n'y a pas gardé de mesure, parce que l'amour souvent ne connaît point de mesure. On a débordé en Orient en foules bouillonnantes, parce que l'amour est comme l'eau qui bouillonne et déborde de toutes parts. On a été téméraire, on a tenté l'impossible, on a fait des folies, parce que l'amour se croit tout possible et tout permis.

Et l'auteur de l'*Imitation* ajoute : « *Si quelqu'un aime, il entend ce que je dis.* Quiconque aime Jésus-Christ, entendra les croisades comme elles viennent d'être présentées. Elles constituent le plus beau spectacle de passion religieuse que la terre ait offert, et il vous appartient, ô Nations chré-

---

[1] Fulcher. Carnot, *Hist. Hierosol.*, X, ii.

tiennes ! Jamais, non jamais, le désintéressement
ne s'était universalisé, régularisé et soutenu comme
il le fut aux croisades. Avant, il y avait des individus désintéressés, des familles désintéressées ; mais,
cette fois, c'étaient les Nations. Avant, il y avait
des actes de désintéressement, mais aux croisades
ce fut un *état*, un état de désintéressement ; il dura
deux siècles ; deux siècles, dans le silence de la nature humaine vaincue par la grâce! La chair, comme
les coursiers domptés des chevaliers, était sou-
mise. Pendant deux siècles, l'Europe criant arrière
à l'égoïsme, franchit ses limites pour aller chevau-
cher en Orient par amour pour Jésus-Christ. O
France, tu fus la première et la dernière dans ce
courant de l'amour ; car la première croisade a
commencé et la dernière s'est terminée par ces deux
sublimes spectacles de désintéressement français :
Godefroy de Bouillon refusant de ceindre le diadème en face de la couronne d'épines, et saint Louis
mourant loin de sa patrie, sur un lit de cendres. O
France, à Jérusalem tu as aimé !...

Tu as aimé de l'étendue d'amour que la Vierge
Marie, fille de David, avait souhaité pour la cité
de David. Jérusalem n'a aimé qu'un jour, le jour
des Rameaux ; et toi, ô France, tu as aimé deux
siècles. Ah ! si dans l'avenir ta passion religieuse
s'égarait dans des passions coupables, daigne la
Vierge fidèle t'obtenir l'application de la divine
sentence : *Il lui est beaucoup pardonné, parce qu'elle
a beaucoup aimé.*

2.

CHAPITRE III

Deuxième bienfait de Notre-Dame :
Elle complète la beauté morale de la femme.

I. Nouveau prestige dans la beauté morale de la femme au moyen âge : le don de soi qui lui est habituel en est le principe ; circonstances heureuses qui vont favoriser ce don de soi. La poésie dans les idées : complaisances de la Vierge Marie pour cette poésie. —II. Le château féodal. Au dedans, la dame vertueuse et douce poétise et justifie la signification du *manoir*. Au dehors, elle est la bonne dame dans les chaumières. L'hymne de l'*Ave Maris stella* qui commence à être récitée à cette époque attache des reflets de Marie aux actions de la châtelaine. — III. Les belles manières. En quoi consiste la véritable dignité des manières : à se tenir toujours à sa place, ni plus bas ni plus haut. Influence décisive de la rectitude de la Vierge Marie dans le mystère de l'Annonciation sur les belles manières au moyen age. A leur tour, les belles manières rayonnaient sur les choses matérielles et leur communiquaient l'élégance. — IV. La chevalerie dans ses rapports avec la belle Dame du ciel et les châtelaines. La veillée des armes dans une chapelle de Marie et l'ordination du chevalier. La fidélité à sa dame. Education chevaleresque des jeunes filles. Empire de la belle Dame du ciel sur les Ordres de chevalerie fondés en son honneur. La cour ou tribunal d'amour au moyen âge.

I

Il ne s'agit plus de présenter dans ce chapitre le relèvement de la femme sous l'influence de la monogamie ou sainteté du mariage, et sous l'in-

fluence de la virginité. Ce relèvement conjugal et
virginal a été largement exposé dans des chapitres
antérieurs. C'est un fait et un bienfait acquis, lors
des premiers siècles du christianisme. Au moyen
âge où notre étude est arrivée, nous constatons
que la belle Dame des Nations ajoute un nouveau
prestige à la beauté morale de la femme. Si ce prestige est nouveau, son principe ne l'est pas : vu que
la beauté morale de la femme proviendra toujours
du don de soi. Son cœur qui ressent un besoin infini de se donner rencontre au moyen âge des circonstances heureuses qui favoriseront largement
ce besoin : la poésie dans les idées, le château féodal,
la distinction des manières, la chevalerie.

Qui n'a expérimenté que le don de soi confère à
l'existence un caractère d'élévation et de poésie ?
Le bel élan de notre jeunesse et de notre premier
enthousiasme, quel est celui qui n'a souhaité, à
certains intervalles, le ressentir, le retrouver, alors
qu'on gémit de se reconnaître terre à terre et qu'on
étouffe dans le réalisme ? On voudrait briser ses
limites étroites, trouver le grand air, l'espace, des
chants, des harmonies : l'âme, comme le dit avec
un grand bonheur d'expression, sainte Hildegarde,
l'âme se rappelle alors qu'elle est une mélodie.
Bien à plaindre sont ceux qui ne soupirent pas
après ce renouveau d'élévation. Or qui le réalisera ?
surtout le don de soi. Se donner, en effet, n'est-ce pas
s'affranchir de certaines conjonctures fatales, qui
tendent à appesantir notre cœur, telles que l'âge,

l'habitude, la fatigue, l'égoïsme habile à reparaître ?
Par le don, on se maintient au large, on va à la découverte, à la conquête des âmes ; on trouve des
charmes dans ces larmes des malheureux qu'on
essuie, dans ces sourires de reconnaissance qu'on
ramène, dans ces bénédictions qui vous suivent,
dans cet ineffable bonheur du bien accompli :
tout cela, n'est-ce pas être en plein dans la poésie ?

Ce que nous venons de décrire dans l'individu,
la société européenne l'a expérimenté en grand
à l'époque de la chrétienté. On y rivalisait dans le
don de soi, et la poésie débordait de toutes parts.
Le cœur de la femme, principal centre du don de
soi, entraînait vers un idéal qui faisait songer à la
renaissance des fleurs au printemps : tellement
que l'époque qui sortira de ce merveilleux essor
s'appellera la Renaissance. La Vierge Marie se
plaisait à confirmer par les plus gracieux miracles
cette alliance du don de soi et de la poésie. Lorsque
la reine sainte Elisabeth de Hongrie était surprise
portant du pain aux pauvres, le miracle des roses
intervenait, venait à son secours : des roses s'é-
chappaient du pan relevé de son vêtement, comme
pour attester que la charité n'est pas seulement po-
sitive, mais qu'elle a pour compagne et pour voile
la poésie.

II

Le château féodal avait sa poésie.

La féodalité s'appuyait sur deux principes :

l'un matériel et territorial, l'autre spirituel et moral. Le premier se formulait ainsi : nulle terre sans seigneur, nul seigneur sans terre. L'autre se traduisait dans un lien d'union et de sécurité pour ceux qui habitaient cette terre. Le seigneur avait droit à la fidélité et aux redevances de ses serfs et de ses vassaux ; mais ceux-ci pouvaient compter sur la protection et l'aide du seigneur. Par cette chaîne de soumission et de protection, la féodalité a rendu de grands services à l'Europe.

Le château féodal, où se prenaient les décisions du seigneur et où se répercutaient les hommages et les plaintes des vassaux, imprima à la femme un nouveau reflet de beauté morale.

D'abord, devenue châtelaine, elle avait un foyer stable, un petit territoire de souveraine. Dans l'antiquité payenne, la jouissance du foyer domestique n'était guère en honneur, attendu que la dignité de la femme était méconnue ; conséquemment, la vie de l'homme était presque entièrement tournée au dehors. Le christianisme la retourna au dedans, par l'ennoblissement de la femme. Le foyer domestique, avec ses douceurs et ses avantages, fut fondé. Au moyen âge il était devenu le manoir. Expressif et joli nom donné au château, le manoir voulait dire demeure stable, de l'étymologie *manere* demeurer. La dame y possède en sécurité son époux et ses enfants, et si, d'après le principe de la féodalité, il n'y avait pas de terre sans seigneur, il n'y avait pas aussi de manoir sans aimable châtelaine.

Le château féodal atteste alors le progrès chrétien dans la beauté idéale de la femme, non seulement parce qu'elle participe à la souveraineté du foyer, mais encore parce qu'elle y fait régner les vertus enseignées dans l'Evangile, les exemples donnés à Nazareth et à Béthanie. On place à cette époque, vers le douzième siècle, la récitation dans les familles de l'hymne à la Sainte Vierge, l'*Ave Maris Stella*. Qui l'a composée? On ne le sait. Mais comme son opportunité coïncidait bien avec l'ornementation des nouveaux foyers. D'une touchante et mélancolique supplication, cette hymne exposait à Marie avec une grande simplicité de parole ce dont on avait besoin en ce temps-là, et du reste, dans tous les temps.

Quelques strophes :

Virgo singularis,	Vierge incomparable :
Inter omnes mitis,	Douce entre tous les doux,
Nos culpis solutos	Faites que purifiés de nos fautes,
Mites fac et castos.	Nous soyons doux et chastes.

Oh ! qu'on était bien inspiré de demander à la Vierge, dans ces temps rudes encore d'être à la fois doux et chastes. La pureté est souvent la récompense de la douceur, comme aussi la pratique de la douceur semble plus facile quand on se conserve dans la pureté. Douce et bonne, la dame du manoir possédait plus sûrement le cœur de son époux et seigneur. Mieux que les tours crénelées, les palissades de lis garantissaient l'honneur et la joie du château féodal.

Levant les yeux vers l'image tutélaire de la Vierge, la douce châtelaine ajoutait dans sa foi vive :

Vitam presta puram, *Iter para tutum,* *Ut videntes Jesum* *Semper collætemur.*	Obtenez-nous une vie pure, Frayez-nous une route sûre, Afin qu'admis à contempler Jésus, Nous goûtions les joies éternelles.

La sûreté de la route pour le groupe de famille pour les enfants et leurs parents, afin que tous ensemble jouissent de la vision de Jésus dans la béatitude éternelle, tout est là pour un cœur d'épouse et de mère.

Si le système féodal faisait du seigneur un petit souverain, il assurait d'autre part aux serfs et aux vassaux la protection et l'aide de leur seigneur. Apercevez-vous ce donjon qui protège les toits de chaume d'alentour et parfois les opprime? Le seigneur vient de lever la herse de sa porte et d'abaisser son pont-levis. Il va exiger par la force les droits de péage de ses chemins. Mais il est suivi de la dame du castel qui, discrètement, a quitté sa demeure crénelée pour secourir dans sa pieuse visite ses plus pauvres sujets. Sur les pas du seigneur, c'est la justice qui passe ; mais sur les pas de la châtelaine, c'est la miséricorde : « Qu'elle est bonne pour nous, s'entredisaient les pauvres gens secourus, elle nous fait penser aux apparitions de la bonne Vierge ». Aussi bien, dans les chaumières comme au château, l'hymne *Ave Maris Stella* commençait à être connue et récitée ; et lorsqu'on arrivait à cette strophe :

Monstra te esse Matrem. Montrez que vous êtes notre mère,

les chaumières se disaient : Nous sentons que Marie s'est montrée notre Mère dans le passage de la noble Dame qui nous a fait du bien. Cette identification de la Souveraine des cieux avec la châtelaine du manoir était la preuve populaire du progrès chrétien dans la beauté idéale de la femme.

III

Les belles manières, dont on a dit « qu'elles sont un ornement de la vertu » devaient trouver entrée dans le château féodal.

La véritable dignité des manières consiste à se montrer toujours à sa place, ni plus haut, ni plus bas. Cette rectitude imprime à la personne humaine un air de simplicité, une attitude de réserve et de bienséance, un mélange d'élégance et d'humilité. La grossièreté ne doute de rien : les belles manières s'entourent de circonspection.

On ne saurait se représenter combien la rectitude virginale de Marie dans le mystère de l'Annonciation a exercé son influence sur les belles manières des châtelaines au moyen âge. La royale fille de David saluée par l'Ange *pleine de grâce* se réfugie dans la réserve de sa virginité ; et à l'annonce qu'elle va devenir *Mère de Dieu*, elle consent à n'être que la *servante du Seigneur*. Ni plus bas ni plus haut : en cessant d'être vierge, elle se fût abaissée ; ni plus haut, elle se garde de la glorification de Mère de Dieu en se déclarant servante. O divine Vierge, vous avez inauguré la véritable dignité des manières : ni plus haut ni plus bas ; il était digne et juste que vous fussiez pour les châtelaines du moyen âge le miroir de leurs belles manières.

Elles apprennent à garder un rang modeste devant les princesses du sang et les grandes dames du royaume ; et au contact des chaumières, elles savent être affables et prévenantes sans tomber dans la roture. Se montrer toujours à sa place, ni plus haut, ni plus bas : cela est à la portée du paysan comme du prince. Aussi la dignité des manières se communiquait-elle aux obscurs serviteurs qui cessaient d'être des *vilains ;* et la paysanne faisait reluire la modestie et l'affabilité qu'elle admirait dans la châtelaine. Avec le temps, les vilains développèrent des sentiments et des facultés qui faisaient envie aux nobles.

Enfin les belles manières rayonnaient jusque sur les choses matérielles : elles leur communiquaient l'élégance. On a défini l'élégance « une sorte d'agrément qui ressemble assez à la grâce, si ce n'est que celle-ci est souvent un don de la nature, et l'autre un résultat de l'art ». Gracieuse par nature, la châtelaine en appelait aussi à l'art pour couvrir d'agrément les choses qui l'environnaient. Ses parures

étaient élégantes, les meubles étaient élégants.
Attendu que tout s'enchaîne ici-bas, la rusticité
fit place, sous les toits de chaume, à une élégance
champêtre ; les costumes des paysannes étaient
agrémentés de parures originales, de bon goût
et toujours modestes. Que de fois la robe bleue
de l'auguste Vierge Marie avec son voile blanc
rehaussait la beauté de pieuses jeunes filles du
village.

IV

Une institution célèbre vient mettre à profit
la poésie dans les idées, le manoir féodal, les belles
manières, pour rendre un public hommage à la
beauté morale de la femme : cette institution, la
chevalerie.

Nous devons nous borner à considérer chez elle
le rôle de la Vierge Marie et des châtelaines.

Tout d'abord se présente la veillée des armes,
cette cérémonie qui consistait en ce que celui qui
devait être armé chevalier passait la nuit à veiller
et à prier dans une chapelle où étaient les armes
dont il devait être revêtu le lendemain. La chapelle
de la belle Dame du ciel était généralement re-
cherchée. C'est pour cette raison qu'au xvie siècle
le chevalier espagnol dom Ignace de Loyola, qui
fonda l'Ordre des Jésuites, se fit chevalier de la
Vierge, solemnisa son entrée au service de Dieu,
à la façon des anciens preux, et accomplit la veillée

des armes devant l'image de la Mère du Christ.

Le lendemain de la veillée des armes, le jeune guerrier vêtu de blanc, couleur de la chasteté, de rouge, couleur de la Passion, et de noir, couleur de la mort, entendait la messe et recevait une armure bénite. Un parrain d'armes lui rappelait ses devoirs ; être droit et loyal, garder les pauvres gens et les faibles pour que les riches et les forts ne les puissent honnir et fouler, aider de son pouvoir dames et damoiselles, qui doivent être, toujours honorées et défendues. Puis lui donnant l'accolade : « Au nom de Dieu et de saint Michel, disait-il, je te fais chevalier. Sois preux, hardi et loyal ».

La route est tracée. Si le chevalier part pour la croisade, le cortège des vertus qu'on lui a recommandées chevauche avec lui. A côté de la croix sur l'épaule, il porte dans son panache ou à son écharpe les couleurs d'un légitime amour. Le chevalier a fait serment à sa dame comme à son Dieu, et il garde l'un et l'autre.

Si le chevalier restait en terre européenne, le hasard ne présidait pas seul à ses aventureuses pérégrinations, car il se montrait jaloux et empressé de pénétrer dans les cours princières et seigneuriales les plus célèbres, où s'étaient conservées les pures traditions de la chevalerie; il s'estimait heureux et honoré d'avoir pu s'incliner devant quelque héros fameux par ses faits d'armes, d'avoir pu obtenir un regard ou un sourire de quelque dame ou damoiselle réputée pour ses perfections physiques et morales.

Or, si les devoirs du chevalier comportaient en premier lieu le respect absolu et la parfaite courtoisie envers les dames, l'éducation que recevaient celles-ci tendait à les rendre dignes de pareils hommages. Dès l'enfance, pour les initier au rôle souverain qu'elles auraient à remplir dans le monde de la chevalerie, on leur enseignait toutes les vertus, on leur inspirait tous les nobles sentiments, et on les familiarisait avec tous les privilèges de leur condition sociale. Elles entouraient de prévenances et de civilités les chevaliers connus ou inconnus, arrivant dans les châteaux, elles les désarmaient de leurs propres mains aux retours des combats ; elles leur apportaient du linge blanc et parfumé, des habits de parade, des manteaux et des écharpes qu'elles avaient souvent brodées elles-mêmes ; elles les servaient à table. Destinées à devenir les épouses de ces mêmes chevaliers qui hantaient les maisons où elles avaient été élevées, elles s'appliquaient à se faire remarquer d'eux par leur savoir-vivre et à les attacher par les soins et les services qu'elles leur prodiguaient ; elles devaient répondre par l'admiration et la tendresse à l'audace, à la bravoure des guerriers qui ne recherchaient la gloire que pour leur en rapporter tout l'honneur, et qui ne demandaient qu'à se soumettre au doux empire de la beauté, de la grâce et de la vertu.

Ce doux empire de la beauté, de la grâce et de
la vertu, les chevaliers le recherchaient souvent
plus haut que dans les manoirs des châtelaines :
ils le trouvaient, et de cœur et d'office, auprès de
la belle Dame du ciel. Car les rois et les princes,
pour faire éclater leur dévouement envers Marie,
avaient fondé en son honneur le culte chevaleresque. Le roi Jean avait établi l'ordre des chevaliers
de l'Etoile ; Charles VI, celui de Notre-Dame de
l'Espérance ; Louis II, duc de Bourbon, celui du
Chardon de Notre-Dame ; Philippe de Bourgogne,
l'Ordre de la Toison d'or ; Ferdinand de Castille,
celui du Vase ; et Christian Ier roi de Danemark,
l'Ordre de l'Eléphant. Ces ordres étaient le mémo-
rial et comme l'ex-voto de la reconnaissance nationale pour quelque grand bienfait sollicité et
obtenu de la toute-puissante protection de Marie.

Une institution charmante entretint longtemps
les loyaux services des chevaliers. Universalisée
au XVIe siècle, elle se dénommait *cour d'amour ;*
espèce d'aréopage féminin, elle se tenait avec grand
appareil à certains jours. Les dames les plus dis-
tinguées par la naissance, la beauté, l'intelligence
et le savoir y délibéraient en public ou à huis clos,
gravement et solennellement, sur les plus délicates
questions de fidélité, de convenances, de belles
manières, de galanterie. Ce tribunal d'amour avait
un code spécial, et ses arrêts étaient obéis.

Or cette cour d'amour n'était-elle pas le plus
éclatant témoignage du degré d'élévation où la

beauté morale de la femme était parvenue. Autrefois les tribunaux ne lui reconnaissaient aucun droit, et maintenant elle est elle-même un tribunal. De ce contraste, de ce degré d'élévation, la femme était redevable à la Vierge Marie qui, au moyen âge, enveloppait son sexe de sa propre écharpe, où la divine sagesse lui avait gravé cette devise : *Ego Mater pulchræ dilectionis*, je suis la Mère du bel amour.

CHAPITRE IV

Troisième bienfait de Notre-Dame :
Les bons princes.

I. La recherche du royaume de Dieu et de sa justice mène,
dès cette vie, les populations au bonheur. La monarchie chrétienne, au moyen âge en fait l'essai. — II. Ce
qui constituait les bons princes : le sacre et la dévotion à Notre-Dame. — III. Saint Louis, la plus rare
des créatures qui ait jamais tenu le sceptre. Le saint
roi entoure d'un nouveau prestige le sacre royal par
le recouvrement de la sainte couronne d'épines. Sa
dévotion envers Notre-Dame sensibilisée dans les vertus de la reine Blanche sa mère, et dans les beaux *Ave*
qu'il récite avec une ferveur ininterrompue jusqu'à son
héroïque mort. — IV. Maisons royales de l'Europe
et leurs blasons : les couleurs de Notre-Dame s'y rencontrent, le champ d'azur. — V. Les bons princes de
ces maisons royales. Traits caractéristiques de leur dévotion envers Notre-Dame.

I

Le divin Maître a révélé ce précieux secret :
*Cherchez d'abord le royaume de Dieu et sa justice,
et tout le reste vous sera donné.*

La voilà donc enfin désignée, déterminée, cette
région du bonheur que tous les hommes cherchaient
après laquelle les générations avaient soupiré. Il n'y
avait qu'un Dieu qui pût nous présenter la félicité,
l'abondance, l'ordre et la tranquillité sous une
forme aussi précise, aussi attrayante,

Mais quel est ce royaume de Dieu à la recherche duquel on doit se mettre pour jouir de l'abondance, de la tranquillité, de tous les biens. Ce royaume de Dieu est-il seulement dans l'au-delà, et n'est-il ici-bas qu'idéal, abstrait? Qu'on se détrompe. Jeté en germe, ce royaume commence et fleurit sur la terre, pour s'épanouir dans les cieux. Sur la terre il est la sainte Eglise catholique, organisée aux yeux de tous comme un beau royaume. Chercher le royaume de Dieu, sera donc s'attacher à l'Eglise et obéir à ses lois.

Mais l'enseignement du Maître ajoute la recherche de la justice à celle du royaume de Dieu : *Cherchez le royaume de Dieu et sa justice.* L'un et l'autre sont inséparables. Non moins que l'Eglise de Dieu, la justice contribuera à la prospérité, à l'abondance, au bonheur. En quoi consiste sa recherche? Reconnaître le droit d'autrui, le vouloir comme notre propre droit, le maintenir contre l'égoïsme, c'est aimer le prochain comme soi-même, c'est la justice. Or, à cette observation chrétienne de la justice a été rattachée la félicité des populations. L'œuvre de Dieu est si raisonnable, les choses sont tellement belles et simples qu'il suffit d'avoir la justice pour avoir tout. En donnant aux hommes la justice, vous leur donnez du pain. La justice qui est Dieu multiplie le pain, comme Notre-Seigneur Jésus-Christ multiplia les pains au désert.

Cet évangile du bonheur a-t-il tenu sa promesse? Oui vraiment, au moyen âge. La démonstration en apparaît saisissante à l'aide d'une gracieuse parabole employée par Jésus lui-même : *Le royaume des cieux est semblable à un grain de sénevé qu'un homme prend et jette dans son jardin et qui croît jusqu'à devenir un grand arbre, de sorte que les oiseaux du ciel viennent se reposer sur ses branches*[1].

Apercevez-vous le roi saint Louis assis sous le chêne de Vincennes, rendant la justice, et les populations empressées autour du meilleur des monarques? Ces paysans qui s'en revenaient joyeux, bénissant Dieu et le roi, n'étaient-ce pas les oiseaux du ciel qui chantaient sur les branches, et à l'entour.

La riante comparaison avait passé, de l'Evangile, dans l'histoire de France.

II

La monarchie chrétienne se présente donc en conductrice vers le bonheur. Deux choses y constitueront les bons princes dans le royaume de France et dans les autres royaumes de la chrétienté : le sacre royal et la dévotion à Notre-Dame.

Heureux moyen âge d'avoir compris l'importance du sacre royal et d'en avoir connu les bienfaits ! Educatrice des rois et des peuples, l'Eglise avait sanctifié par degré l'autorité royale. Sous les Césars payens, elle a voulu que les chrétiens leur

---

[1] *S. Matthieu*, xiii, 32.

*3.

obéissent comme à Dieu même, malgré leurs persécutions ; dès son berceau, elle à enseigné que *tout pouvoir vient de Dieu.* Ensuite la Providence, en faisant entrer le Pontife romain dans la famille des rois, apportait à leur autorité une nouvelle consécration; c'était un frère revêtu de la plus haute dignité sacerdotale et qui priait pour tous les rois ses frères. Enfin, lorsque les princes de l'Europe embrassèrent successivement le christianisme, l'Eglise augmenta encore le respect religieux dont elle les environnait, et elle établit le sacre royal. Dans cette solennité, le prélat consécrateur présentait au monarque l'épée, la couronne, le sceptre, la main de justice. Puis il adressait au ciel cette admirable prière : *Dieu, qui par tes vertus, conseilles tes peuples, donne à celui-ci, ton serviteur, l'esprit de ta sapience ! Qu'en ses jours naisse à tous équité et justice, aux amis secours, aux ennemis obstacles, aux affligés consolation, aux élevés correction, aux riches enseignement, aux indigents pitié, aux pèlerins hospitalité, aux pauvres sujets paix et sûreté en la prière ! Qu'il apprenne (le roi) à se commander soi-même, à modérément gouverner un chacun, selon son état, afin, ô Seigneur ! qu'il puisse donner à tout le peuple exemple de vie à toi agréable.* A la suite de cette prière, le roi prêtait serment sur le livre des Evangiles, s'obligeant par ce serment à trois choses : à maintenir la paix de l'Eglise, à défendre toute rapine, à commander dans tous jugements équité et miséricorde. Au sacre des rois

de France dans la cathédrale de Reims, il y avait
cette gracieuse particularité : on lâchait des oiseaux dans l'église, toutes les portes ouvertes,
image naïve de la liberté des Francs sous l'autorité paternelle de leur prince.

Combien sont justes et belles ces réflexions d'un
célèbre orateur : « Le prince, une fois sacré, n'était
plus seulement le mandataire du peuple, il était le
mandataire de Jésus-Christ ; on n'obéissait plus
seulement à l'homme, mais à Jésus-Christ lui-
même, présent et vivant dans celui qu'avait élu
la société. Je dis dans celui qu'avait élu la société,
car l'Evangile n'avait pas ravi à la société son droit
naturel d'élection, il n'avait pas même déterminé
si le gouvernement devait être une monarchie,
une aristocratie ou une démocratie. Il avait laissé
la question de forme et de choix au cours de l'expérience et des événements ; il avait dit aux nations : Mettez à votre tête un consul, un président,
un roi, qui vous voudrez ; mais souvenez-vous
qu'au moment où vous aurez assis votre magis-
trature suprême, Dieu viendra dedans. Le pouvoir
sort de terre par une germination naturelle,
comme les fleurs sortent d'un champ, non pas
toutes avec la même couronne et la même couleur ;
la grande affaire n'est pas la naissance du pouvoir,
c'est surtout son sacre. Quand donc, du sein d'une
nation, le pouvoir sera sorti par une floraison naturelle, comme un palmier sort du Liban, moi Jésus-
Christ, je descendrai sous son ombre, j'entrerai

sous son écorce, je serai son sang, sa vie, sa gloire, sa force, sa durée : vous l'aurez fait, je le sacrerai[1].

Outre l'onction du sacre royal, la dévotion à Notre-Dame contribuait puissamment à former les bons princes. Dans toutes les institutions relevant de son auguste personne, et conséquemment dans la monarchie chrétienne, Jésus ne veut-il pas que l'on trouve sa Mère auprès de lui? David, roi prophète et ancêtre du Messie, avait chanté sur sa lyre : *la reine s'est tenue à votre droite dans une parure enrichie d'or, agrémentée de diverses couleurs*[2]. L'inspiration du prophète royal avait principalement en vue la Vierge Marie et dans sa parure étincelante d'or et de couleurs, il saluait par avance la variété de ses vertus. C'est l'interprétation de la tradition catholique. Aussi le moyen âge, utilisant les commentaires des Pères de l'Eglise sur ce beau texte, décerne-t-il les dénominations les plus significatives à la Vierge Marie dans son assistance auprès des princes. On l'y appelle : *la Reine des rois; la Reine de justice et de miséricorde ; la Reine au regard sérénissime qui dissipe les ombres ; la Reine des grâces ; la Reine de paix et d'amour ; la Reine de patience et de clémence ; la Reine triomphale, la très grande Reine.*

O Marie, auguste Dame, ces dénominations élogieuses et bien d'autres accumulées à vos pieds

---

[1] Lacordaire, trente-cinquième conférence de Notre-Dame.
[2] *Ps.* xliv, 10.

attestent la part qui vous revient dans la formation des bons princes ; elles décrivent les qualités
dont ils doivent eux-mêmes être revêtus.

L'onction du sacre royal vient de votre Fils et
les qualités royales viennent de vous.

III

Des conditions essentielles de la monarchie chrétienne, passons aux faits : où sont les bons princes ?

Au début du chapitre nous n'avons fait qu'en-
trevoir saint Louis rendant la justice sous le chêne
de Vincennes. Saint Louis roi de France est un de
ces noms qui font pâlir la louange, comme disait
Bossuet. « En lisant cette vie si sublime et si touchante à la fois, on se demande si jamais le Roi
du ciel a eu sur la terre un serviteur plus fidèle que
cet ange couronné pour un temps d'une couronne
mortelle, afin de montrer au monde comment
l'homme peut se transfigurer par la foi et l'amour[1] ».
Il nous a laissé un monument immortel : la Sainte-
Chapelle, oratoire pur, simple, élancé vers le ciel
comme lui-même.

A quelle occasion le pieux monarque érigea-t-il
la Sainte-Chapelle? Afin d'y déposer la sainte
couronne d'épines. Le Christ avait porté la couronne d'épines pour que le front des rois chrétiens
fût digne du sacre. Entre tous les monarques,

---

[1] Montalembert.

saint Louis est choisi du ciel pour recueillir cette sainte Couronne dont les épines avaient mérité aux rois l'onction du sacre. Elle était devenue la possession de l'empereur Baudouin à Constantinople. Le roi de France la rachète pour cent mille besants d'or (2 millions). Lorsque ses légats lui rapportent, au mois d'août 1239, la grande Relique, le roi part avec la reine, les princes ses frères, toute sa cour, des évêques et des religieux pour aller au devant de la sainte couronne. La rencontre se fait à Sens. On retire de la châsse d'argent le vase d'or qui la renfermait, et roi, reine, princes, évêques, chevaliers, soldats tombent à genoux et fondent en larmes. Nul n'osait lever le front comme à la terre attaché, ni regarder cette branche d'épines dont les bourreaux de Jérusalem avaient tressé à l'auguste et très sainte Victime une couronne de dérision. La journée et la nuit se passent en prières, en adorations, en chants sacrés.

Le lendemain, le roi et ses frères, vêtus de tuniques de laine blanche, tête nue, emportent le précieux joyau à Paris. Le peuple se précipite en foule pour adorer et pour contempler cette incomparable procession. Un vaste reposoir avait été élevé à l'entrée du faubourg Saint-Antoine. Il était drapé des plus riches tentures de soie. Les évêques montent sur l'estrade, et un des prélats découvrant la sainte Couronne la présente à l'immense foule parisienne qui pousse un grand cri de

joie et tombe à la fois, et tout entière, à genoux.
C'est alors que saint Louis, n'ayant trouvé aucun
palais, aucune église digne de posséder un pareil
trésor, édifie la Sainte-Chapelle. La construction
de ce bijou d'architecture dura huit ans. Déposée
dans ce reliquaire unique au monde, la sainte Couronne conférait un nouveau prestige au bandeau
des rois. Car l'église de Saint-Rémi à Reims où
se conservait la sainte ampoule du sacre royal,
avait désormais pour pendant la Sainte-Chapelle où
se conservait la couronne d'épines du Roi des
rois.

Tandis que le sacre royal recueillait plus de prestige par les honneurs rendus à la sainte Couronne
d'épines, la dévotion à Notre-Dame se sensibilisait
autour du roi de France dans les vertus de la reine
Blanche. Saint Louis n'a été si grand que parce
qu'il a eu une mère profondément chrétienne. La
noble reine disait et redisait à son fils : « Dieu
sait combien je vous aime, mais j'aimerais mieux
vous voir mort que coupable de péché mortel ».
Un tel langage, ô Marie, témoigne que l'auguste
princesse avait les yeux sur vous et qu'elle es-
sayait de vous ressembler. Dès sa tendre enfance,
le royal enfant apprenait de sa mère à joindre ses
petites mains vers l'image de la Mère de Dieu;
ceux qui le connurent disaient de lui : « Il n'aime
ni chansons ni ballades, mais de beaux *Ave*, et ré-
pète les plus doux airs pour la joie de la bénie

Vierge Marie ». Les chroniqueurs ajoutent : « De même que l'écrivain qui a fait son livre l'enlumine d'or et d'azur, ainsi enlumine le jeune roi son royaume de belles abbayes » et de cérémonies en l'honneur de sa Mère du ciel. Il récitait tous les jours avec son aumônier l'office de la Vierge, même dans ses voyages, et défendait qu'on l'interrompît ; il jeûnait au pain et à l'eau la veille des fêtes de Notre-Dame, et faisait de grandes aumônes le samedi en son honneur. Comme on lui reprochait quelquefois de donner trop de temps aux exercices de la religion il répondait : « Les hommes sont étranges ; on me fait un crime de mon assiduité à la prière ; on ne dirait mot, si j'employais les heures que j'y consacre à jouer aux jeux du hasard, à courir les bêtes fauves, à chasser aux oiseaux ».

Lorsqu'il quitta la France pour la croisade, saint Louis partit tranquille sur le sort de son royaume et le bonheur de ses sujets, car il leur laissait sa mère la reine Blanche. A son adieu il lui dit : « Belle très douce mère, je vous laisse mes fils en garde et le royaume de France, et je sais que par vous il sera bien gardé et gouverné ».— « Adieu, fit-elle en pleurant, beau très doux fils. Comment pourra mon pauvre cœur endurer la départie de moi et de vous ? Vous m'avez toujours rendue la plus heureuse mère ! » Marguerite, épouse du roi, voulut le suivre à la croisade. Il l'aimait comme il aimait sa mère. Il portait un anneau d'or où figurait trois noms : Dieu, France et Marguerite. Le bon prince se plaisait à dire : « Hors cet anel, plus ne m'est rien ».

On sait les désastres de la croisade : la Providence les permit pour faire éclater les vertus de saint Louis, la plus rare figure de roi dans le malheur comme dans la prospérité. Prisonnier, il fut conduit à Mansourah, n'ayant que son bréviaire qu'il récitait avec calme et résignation, comme s'il eût été dans sa chapelle. Affaibli au point de ne pouvoir se tenir debout, manquant des choses les plus nécessaires, réduit à se couvrir d'une misérable casaque qu'un pauvre Arabe lui avait cédée, avec un seul valet pour le servir, il ne laissera pas échapper un signe d'impatience. Un chef des infidèles lui disait : « Fais-moi chevalier ». — « Fais-toi chrétien d'abord », répond le héros. On voulut fixer sa rançon : « Le roi de Franc ne se rachète pas avec de l'argent ! » s'écrie-t-il. Enfin, au milieu des plus cruelles souffrances, il est heureux encore, et on l'entend redire : « Quand je serai devant mon Dieu et qu'il me dira : « J'ai porté les liens pour toi ». — « Et moi aussi pour vous, lui répondrai-je ». Les infidèles, frappés de sa grandeur d'âme, s'écrient eux-mêmes : « Jamais on n'a vu si fier chrétien ».

Il meurt, martyr de l'amour du Christ, en murmurant : « O Jérusalem ! Jérusalem ! » Etait-ce à celle du ciel ou à celle de la terre qu'il adressait ce regret ou cet espoir sublime? Le fait est que, poussé par un irrésistible attrait vers la Terre sainte, il avait repris la croix. Màis atteint de la peste à Tunis, le saint roi se fait coucher sur un lit de cendre, et il écrit pour son fils aîné, Philippe le Hardi, ce testament admirable :

« Cher fils, aie le cœur doux et miséricordieux aux pauvres et à ceux qui souffrent de cœur ou de corps, et les conforte et les aide selon ce que tu pourras. Maintiens les bonnes coutumes de ton royaume et abaisse les mauvaises. Ne convoite pas sur ton peuple, ne le charge pas d'impôts ni de tailles, si ce n'est par trop grand besoin. Garde-toi d'exciter guerres sans très grand conseil, et particulièrement contre homme chrétien. Apaise au plus tôt que tu pourras les guerres et querelles soit de toi soit de tes sujets. Sois rigide et loyal à tenir justice et droiture envers tes sujets, sans tourner à droite ou à gauche, mais toujours tout droit ; et si un pauvre a querelle contre un riche, soutiens le pauvre plus que le riche jusqu'à tant que la vérité soit éclaircie; si quelqu'un a affaire ou querelle contre toi, sois toujours pour lui et contre toi, jusqu'à ce que l'on sache la vérité, car ainsi tes conseillers jugeront plus hardiment selon droiture et selon vérité. »

Ainsi meurt, au milieu des larmes de sa famille, de son armée, de son peuple, de la chrétienté tout entière, ce roi qui fut le modèle des souverains, le père de ses sujets, le serviteur des pauvres, le sergent du Christ, le fils soumis et le soutien de l'Eglise, et dont le nom est resté, dans la mémoire des hommes, comme le synonyme de la grandeur et de l'humilité, de la justice et de la miséricorde, de l'héroïsme chrétien, de la tendresse et de la charité de Jésus-Christ. Le pape qui le canonisa en 1297 prononça ces paroles : « O Maison de France, réjouis-toi d'avoir donné au monde un si grand prince ! Réjouis-toi, peuple de France, d'avoir eu un si bon roi ! »

IV

Quels sont encore les bons princes au moyen âge ?

Nous allons les grouper en nous servant du mot *Maison*. On employait cette expression pour désigner une lignée de gens illustres ou vertueux, et dont la gloire ne vieillit jamais point avec le temps: la Maison de France, la Maison de Lorraine, la Maison de Savoie, la Maison de Habsbourg, la Maison d'Aragon, etc.

Une description toutefois doit précéder le défilé de ces Maisons royales : celle de leurs blasons, parce que la Très Sainte Vierge y trouve ses couleurs.

L'origine des blasons date des croisades. La nécessité de se reconnaître et de se distinguer entre tant de seigneurs et de chefs différents fit inventer les émaux ou couleurs et les pièces ou images héraldiques. Chacun alors, dans le camp des croisés, choisit et garda ces images et ces couleurs qui devinrent des insignes de noblesse et qui se reproduisaient partout, sur les tentes de guerre, sur les bannières, sur les livrées ou vêtements, sur tous les objets appartenant à une famille noble.

Le blason se composait de deux parties, la devise et les armes ou armoiries.

La devise exprimait le caractère ou la manière d'agir d'une famille, d'une Maison. Elle était généralement brève, succincte, fine, délicate. La galanterie a souvent inspiré les devises, mais la piété et le service de Notre-Dame fournissaient aussi leurs inspirations. Bien des fois, la douce Vierge a pu dire, souriante :

Conservez ma devise, elle est chère à mon cœur ; les mots en sont sacrés, c'est l'amour et l'honneur.

Les armes ou armoiries étaient dépeintes sur le blason par des figures et avec le luxe de belles couleurs et riches métaux. L'azur aux couleurs bleues formait le fond de nombreuses armoiries, en particulier de celles dédiées à Notre-Dame. La science héraldique en parle ainsi : L'azur qui forme le fond ou le champ de nombreuses armoiries, signifie science, justice, loyauté, courtoisie, gentillesse, renommée et beauté ; correspond à l'automne, saison des fruits, et représente l'immensité de l'air, et, dans cette immensité, l'universalité des êtres et des choses que Dieu a créés. L'azur est donc l'image de la vie, de la lumière, de la sérénité, du bonheur, de la tranquillité, de la joie, de la paix et de la grâce. C'est le beau temps dans toute sa splendeur, au moral et au physique. C'est aussi une des couleurs les plus belles de l'arc-en-ciel, emblème éclatant d'espérance après l'orage. Enfin, au témoignage de Tobie et de saint Jean, les portes du ciel sont de saphir, pierre précieuse d'un bleu céleste qui rivalise avec le diamant et le rubis.

Il n'est donc point surprenant que, sous l'inspiration de la belle Dame du ciel, des armoiries aient présenté un champ d'azur, et en particulier celles de France. En effet les armes des rois de France portent trois fleurs de lis d'or en champ d'azur. « Il était convenable, dit un vieil auteur, que les enseignes de Sa Majesté fussent en champ d'azur : à la similitude du Fils de Dieu, Roi des rois et Seigneur des seigneurs qui a pour écusson l'azur du ciel ennobli de la resplendeur des étoiles. » De fait, les rois très chrétiens en considérant l'harmonieuse concordance de leurs armoiries avec la voûte azurée du firmament, les portes de saphir de la cité de Dieu, et le sourire de la belle Dame du ciel, en recueillaient un plus vif attachement à leurs devoirs de justice et de sainteté.

Le peuple, à son tour, rencontrant partout, dans les cités et les hameaux, dans les pompes religieuses, dans les fêtes civiques, dans les tournois, dans les campements militaires, rencontrant des armoiries en champ d'azur, de nobles et fières devises, des habitudes de dévotion envers Notre-Dame, en concluait qu'il était gouverné par de bons princes et se reposait sur eux de sa tranquillité, comme autrefois l'Israël de Dieu dont il est écrit : *qu'au temps du règne de Salomon il demeurait sans crainte dans ses habitations, chacun sous sa vigne et sous son figuier*[1].

[1] III *Rois*, IV, 25.

V

Et maintenant, le défilé des Maisons royales.

Les Maisons royales de l'Europe, au temps de la chrétienté, présentent une constellation mariale de bons princes entre lesquels nous faisons un choix. Dans cette constellation, les reines et princesses ont leur place : non seulement la courtoisie la leur assigna, mais aussi la justice ; car la femme au moyen âge, éprise de la ressemblance avec Notre-Dame, exerce sur les monarques la plus chrétienne influence.

Maison de France.

La fête de Philippe-Auguste était partout une fête d'observance et de réjouissances publiques. Quel règne heureux, dit Monteil, quand tout un peuple transporté d'une loyale gratitude, faisait des marques de sa dévotion pour les saints les marques de son attachement pour son roi.

Un dernier trait à saint Louis : Les pièces de monnaie du règne de saint Louis qui sont parvenues jusqu'à nous sont presque toutes percées ; la raison est qu'on avait coutume de les porter au cou comme des reliques, par vénération pour le saint roi.

Jean Marot, décrivant le départ pour l'Italie de Louis XII surnommé le père du peuple, dit que tout le monde était également affligé à la pensée de le perdre ; oui tous, et citadins et marchands, et ouvriers et paysans. Les derniers criaient qu'ils voulaient s'armer et le suivre :

> C'est nostre roi, nostre père et appuy
> Mieulx nous vauldroit morir en la bataille
> Que de languir en douleur après luy.

Jean le Bon, de la branche des Valois, fonda l'Ordre militaire de Notre-Dame de la Noble-Maison, afin que, par l'intercession de la très glorieuse Vierge Marie, les chevaliers avides d'honneur et de renom montrent à l'avenir, dans tous leurs faits d'armes, assez d'unanimité et de valeur pour que cette fleur si vantée de la chevalerie française qui, depuis quelque temps et sous l'action de certaines causes, commençait à se décolorer et à se flétrir, reprenne tout à coup sa fraîcheur et son éclat. Cet Ordre de chevalerie avait son siège à Saint-Ouen près Paris, dans la salle immense d'un superbe château, et le roi lui-même adressait cette lettre de convocation à chacun de ses membres : « Biau cousin, nous, à l'honneur de Dieu et en exhaussement de chevalerie et accroissement d'honneur, avons établi une compagnie appelée chevaliers de Notre-Dame de la Noble-Maison ». Les règlements portaient qu'à la mort de chaque chevalier on enverra à la Noble-Maison sa bague et la boucle de son chapeau, dont la valeur sera employée à faire dire des messes pour lui.

Sainte Jeanne de Valois, épouse de Louis XII, sera heureuse d'échanger un trône contre un cloître, parce que dans ce cloître elle allait se dévouer tout entière à Marie et lui gagner une nouvelle famille : elle institua à Bourges l'Ordre de l'Annonciade, dont le but est d'étudier, d'honorer et d'imiter les vertus de la sainte Vierge. Jeanne éprouvait les sentiments d'une charité vraiment maternelle pour tous les pauvres et les malheureux qui avaient recours à elle, particulièrement pour les malades, dont elle ne craignait pas de toucher et de nettoyer elle-même les plaies et les ulcères. Beaucoup furent subitement guéris par le seul attouchement de ses mains.

Maisons d'Espagne et de Portugal.

Le roi saint Ferdinand, cet excellent prince qui ne pouvait prendre sur lui d'augmenter les impôts de son peuple, et qui craignait plus, disait-il, les malédictions d'une pauvre femme que toutes les armées des Maures, avait coutume d'attribuer l'honneur de ses victoires à la protection de la Vierge Marie, dont il avait toujours l'image dans son camp. Lorsqu'il mit le siège devant Séville, un vaisseau de la flotte royale, disposé par l'ordre du prince, fut poussé par un vent si impétueux, qu'il rompit de son choc précipité une chaîne de fer à l'aide de laquelle les mahométans avaient intercepté le cours du Guadalquivir, et qu'il alla ensuite briser un pont de bois qui était tout l'espoir des infidèles. Quel épisode prophétique pour l'Espagne qui, débarrassée des Maures et en complète possession d'elle-même, va devenir le navire de Marie et voguer en quelque sorte à la découverte du nouveau monde !

Les rois de Castille, de·Léon et d'Aragon se plaisaient à donner toutes les semaines des audiences publiques à leurs peuples pour prendre contact avec eux, écouter leurs doléances et leur rendre justice. Ferdinand le catholique et Isabelle, étendant cette libéralité royale,·placèrent l'audience publique trois fois par semaine.

Elisabeth de Portugal était appelée universellement la sainte reine. Des pièces d'argent qu'elle allait distribuer aux pauvres devinrent des roses entre ses mains, et cela dans l'hiver, pour que le secret de ces aumônes fût ignoré du roi. Elle fut l'heureuse pacificatrice des rois et des royaumes, admirable dans son habileté à apaiser les dissensions. Son procès de canonisation reconnaît qu'elle fut visitée par la Mère de Dieu, que sa dépouille exhala une suave odeur, et qu'au bout de trois siècles ses restes précieux étaient encore exempts de la corruption.

Maison de Toscane.

La grande comtesse Mathilde, fille de Boniface le Pieux, hérite du duché de Toscane. Devenue veuve de bonne heure, digne de comprendre les

grandes choses et de s'y associer, elle s'attache
à Grégoire VII. Les écrivains contemporains la
nomment une autre Débora, parce qu'elle eut le
courage de cette antique héroïne d'Israël. Durant
un règne de cinquante ans, fidèle auxiliaire du
chef de l'Eglise, elle ne se laisse gagner ni par les
promesses, ni intimider par les menaces, ni abattre
par les revers. Saint Grégoire VII l'appelait sa
fille, elle s'était mise sous sa direction spirituelle.
C'est une merveilleuse correspondance que celle
de ce grand Pape, écrivant à la comtesse Mathilde,
au milieu de ses préoccupations politiques. Ces
lettres étaient empreintes de la piété la plus affectueuse et la plus tendre. « J'ai voulu, très chère
fille de saint Pierre, lui dit-il dans une de ses épî-
tres, vous adresser quelques paroles d'édification,
pour augmenter votre foi et vous engager à nourrir chaque jour votre âme du corps sacré de Notre-
Seigneur Jésus-Christ. Tel est le trésor, tels sont
les présents, plus précieux mille fois que l'or et les
pierreries, dont l'Eglise enrichit ses enfants. Quant
à la divine Marie, la mère du Sauveur, à la protection de laquelle je vous ai depuis longtemps
et ne cesserai jamais de vous recommander dans
mes prières, que pourrais-je vous en dire encore ?
Autant elle est plus élevée en gloire, autant elle
est aussi une mère plus douce et plus clémente ».
La comtesse Mathilde reçut les honneurs de la sépulture dans la basilique même de Saint-Pierre
de Rome.

MAISON DE SAVOIE.

Humbert III fut tellement épris des choses divines que, renonçant à la dignité ducale, il alla s'ensevelir dans le monastère de Haute-Combe, sur le lac du Bourget. Mais sur les instances des grands de la nation et d'après l'ordre même des prélats, il quitta par trois fois sa solitude tant pour repousser des invasions étrangères que pour régler les affaires de l'Etat. Après quoi, il s'empressa de revenir à son monastère où le royal religieux mourut dans les délices du Seigneur.

La Bienheureuse Marguerite de la Maison de Savoie, mariée d'abord au marquis de Montferrat, puis veuve peu après, consacrait sa noble vie aux rigueurs de la pénitence et aux œuvres de charité. Elle sortait de son palais pour aller procurer toutes sortes de soulagements aux indigents et aux malades. Ses habits et son ameublement se composaient du strict nécessaire. Notre-Seigneur Jésus-Christ lui ayant un jour donné le choix entre trois épreuves pénibles, la calomnie, la maladie et la persécution, elle demanda à les ressentir toutes trois. Sa prière fut accomplie, et elle supporta patiemment tous ces maux, afin de devenir le plus possible semblable à Jésus crucifié. Pendant ses oraisons, Marguerite était souvent ravie en extase, et toute son âme était pénétrée de la douceur de l'onction divine. Elle devint si puissante par ses prières et par ses larmes, que tout ce qu'elle demandait à Dieu, elle l'obtenait. C'est ainsi qu'elle changea en une moisson abondante les tristes débris qui restaient sur le champ d'un pauvre qu'une grêle épaisse avait ravagé.

Amédée III avait coutume de ne point traiter avec les hommes avant d'avoir assisté au saint sacrifice de la Messe. Surnommé le père des pauvres, il avait pour eux une attention qui pourvoyait à tous leurs besoins, il leur fournissait non seulement le nécessaire, mais poussa la charité jusqu'à les servir de ses propres mains. « Ce sont là, disait-il quelquefois, ce sont là mes chiens de chasse, ceux qui me serviront à prendre le ciel. » D'autres fois, il les appelait les cavaliers et les soldats qui mettaient ses provinces à l'abri des incursions ennemies.

La Bienheureuse Louise de Savoie, d'une admirable innocence, d'une ardeur remarquable pour la prière, d'une chasteté extraordinaire et d'un mépris absolu pour toutes les choses humaines, pensait vouer au Seigneur sa virginité. Le ciel permit qu'elle fût donnée en mariage à un prince de la Maison de France. Veuve à vingt-sept ans et sans enfant, les pauvres, les orphelins devinrent les siens. Elle avait pour Jésus-Christ souffrant et pour la Vierge Mère de Dieu une ardeur de dévotion qui allait jusqu'au transport. Quand elle mourut, toute la Savoie voulut contribuer à la magnificence de son sépulcre.

Maison de Habsbourg (empire germanique).

Rodolphe 1er. Sa bravoure et ses sentiments de justice lui firent une telle renommée que les cantons de la Suisse le choisirent pour protecteur de leur territoire. Ce prince était actif, de mœurs simples, plein de bonté. Il ne pouvait souffrir qu'on refusât l'entrée de son palais à qui que ce fût. « Je ne suis pas empereur, disait-il, pour être enfermé dans une cage ».

Maison de Hongrie et de Thuringe.

Saint Etienne fut le premier prince de la Hongrie décoré du titre de roi. Il offre son royaume au siège apostolique. A ses vertus, il joignait une charité et une libéralité sans bornes envers les pauvres. Voyant en eux Jésus-Christ lui-même, il n'en renvoya jamais un seul le cœur triste et les mains vides. Au contraire, après avoir employé d'immenses trésors à soulager leurs misères, souvent sa bonté alla jusqu'à distribuer les meubles de son palais. Il lavait de ses propres mains les pieds des pauvres ; la nuit, il allait seul et inconnu dans les hôpitaux, y servait les malades, et leur rendait tous les offices de la charité : bonnes œuvres qui méritèrent à sa main droite de demeurer sans corruption dans le tombeau après la dissolution du reste de son corps. Le Pontife romain lui permit de faire porter la croix devant lui,

privilège qui devait passer aux rois ses successeurs.
Il avait pour la Mère de Dieu la dévotion la plus
ardente. Après avoir bâti en son honneur une
magnifique église, il la constitua patronne de la
Hongrie. En retour la sainte Vierge le reçut au
ciel le jour même de son Assomption, que les
Hongrois, par ordonnance du saint roi, appellent
jour de la Grande-Dame.

Sainte Elisabeth de Hongrie s'avance comme
une étoile tutélaire dans ce beau royaume. Le
landgrave de Thuringe, Hermann, noble et bon
prince dont on disait que « ses vassaux mangeaient
du bon pain blanc », l'obtient en mariage, dès sa
jeunesse la plus tendre, pour son fils Louis. Il
faudrait trop de pages si l'on voulait suivre pas à
pas cette incomparable princesse. Cueillons seulement quelques admirables fleurs. Ses premiers
plaisirs étaient d'aller à la chapelle du château,
et quand elle la trouvait fermée, elle baisait avec
ferveur la serrure, la porte et les murs, par amour
pour Jésus qui l'habitait. Elle eut beaucoup à souffrir de l'humeur hautaine de la duchesse Sophie, sa
belle-mère, qui la trouvait trop simple et trop
pieuse. Mais le jeune duc ne se laissa jamais pré-
venir, même un instant, contre son Elisabeth qu'il
aimait tendrement. Un jour que le duc était absent,
elle trouve dans une de ses courses charitables
un pauvre enfant lépreux, abandonné de tous à
cause de l'horreur qu'inspiraient ses ulcères; elle
le prend, l'amène au château, le baigne elle-même

et le couche dans son lit nuptial. Or, il advint que
le duc fut de retour en ce moment. Sa mère courut
au devant de lui, et lui dit : « Viens, je veux te
montrer une belle merveille de ton Elisabeth : tu
verras quelqu'un qu'elle aime mieux que toi ».
Et, le prenant par la main, elle le conduisit à sa
chambre : « Regarde, s'écria-t-elle ; ta femme met
des lépreux dans ton propre lit ; elle veut te donner
la lèpre ». En entendant ces paroles, le duc, irrité,
s'approche du lit, enlève brusquement la couverture.
En ce moment, Dieu lui ouvrit les yeux de l'âme,
et, au lieu du petit lépreux, il aperçoit la figure de
Jésus crucifié, dans son lit. A cette vue, il resta
stupéfait et se mit à verser des larmes. Puis, se
retournant, il voit son épouse, qui l'avait suivi
doucement pour calmer sa colère : « Elisabeth,
lui dit-il avec un tendre respect, ma bonne chère
sœur, je te prie de donner souvent mon lit à de tels
hôtes. Je t'en saurai toujours bon gré. Ne te laisse
arrêter par personne ». En souvenir de ce touchant
prodige, il fit construire, auprès du château de
Wartbourg, un hospice où Elisabeth put recevoir
les malades et les soigner de ses mains.

MAISON DE POLOGNE.

Sainte Hedwige était la tante de sainte Elisabeth
de Hongrie. Devenue par son mariage duchesse de
Pologne, elle fut pour cette contrée nouvellement
chrétienne, ce que sa sainte nièce était pour la

Hongrie et la Thuringe. Hedwige avait pour le prochain une affabilité et une douceur exquises. A *l'exemple de Marie invoquée comme Vierge très prudente, elle faisait toute chose en son temps et avec une angélique application. Des miracles accompagnèrent ses bonnes œuvres. Un enfant tombé à l'eau, avait été brisé et entièrement broyé par les roues d'un moulin : elle le rendit à la vie.*

Sainte Cunégonde illustre par sa parenté avec saint Ladislas, sainte Hedwige, sainte Elisabeth et saint Louis autant que par le sang royal qui coulait dans ses veines, devait être appelée par les Souverains Pontifes « la première patronne du royaume de Pologne ». A peine eut-elle reçu la vie, qu'elle murmura, au grand étonnement de tout le monde, des paroles par lesquelles elle saluait la bienheureuse Vierge Reine des cieux ; dans les bras de sa nourrice, au saint sacrifice de la Messe, elle inclinait la tête quand elle entendait prononcer les noms de Jésus et de Marie. Initiée à l'administration civile par son saint époux Boleslas, elle procura avec lui le bien-être de la Pologne par des dons merveilleux obtenus du ciel, entre autres par la découverte tout à fait extraordinaire d'une mine de sel, qui devint pour le royaume une source de revenus considérables. Quand elle mourut, des assistants virent son âme monter dans la gloire entre les chœurs des anges, avec une parure plus blanche que la neige.

Saint Casimir, tout enfant, échangeait le duvet de sa couche royale contre la terre nue, et il allait secrètement, dans le silence de la nuit, se prosterner sur le pavé à la porte des églises, pour y implorer la clémence divine. Adolescent, il s'enflamme d'un amour de séraphin pour la Vierge Marie. Sa divine Mère lui inspire alors la composition de cette hymne suave et gracieuse qui révèle si bien la candide poésie de son âme d'ange ; il la chantait chaque jour aux pieds de la divine Réine de son cœur. Les chrétiens pieux ont trouvé le cantique de saint Casimir si beau, qu'il est devenu populaire dans nos églises et que la voix de nos petits enfants même sait entonner :

> « De Marie
> Qu'on publie
> Et la gloire et la grandeur, etc. »

Après avoir redit à sa Mère du ciel son chant quotidien d'amour durant toute sa vie, le jeune prince voulut en avoir le manuscrit sous sa tête mourante, comme pour s'endormir bercé par la douce harmonie qu'il devait retrouver au paradis. On conçoit facilement que cette âme embrasée d'amour pour Dieu et Marie ne pouvait non plus se rassasier d'aimer, de consoler, de secourir les pauvres, les orphelins, les malades et tous les souffrants. Lorsqu'il meurt, ce cri de douleur circule partout : La Pologne a perdu le père et le défenseur des pauvres.

Maisons d'Angleterre et d'Ecosse.

Guillaume le Conquérant, à qui on reproche sa dureté pour les Anglo-Saxons vaincus par lui, avait obtenu du pape Alexandre II l'autorisation d'aller conquérir l'Angleterre ; le Pape lui aurait envoyé un étendard bénit et un cheveu de saint Pierre. Ce prince tenait Marie en merveilleuse révérence. Il n'était pas plus tôt atteint de la fièvre qu'il joignait humblement ses mains belliqueuses pour se recommander à la Vierge Marie. Tombé malade dans le château de Chierbourg, une petite ville défendue alors par de bons fossés et quelques tours rondes, il fit vœu de bâtir une belle chapelle à la Vierge si, par son intercession puissante, il recouvrait promptement la santé ; il guérit et s'acquitta religieusement de son vœu. Il fit réédifier à ses frais la superbe abbaye de Jumièges où le clerc trouvait de la science et le pauvre du pain ; l'église de l'abbaye fut placée par lui en grande pompe sous le vocable de la Mère de Dieu.

Sainte Marguerite, reine d'Ecosse, fut véritablement donnée à cette contrée par la Providence. Jeune princesse de Hongrie elle avait été conduite provisoirement en Angleterre, mais une tempête jeta le navire sur les côtes d'Ecosse. Le roi Malcolm III, charmé de ses rares qualités, lui offrit sa main et son trône. Alors, pendant les trente années de son règne, elle produit un bien merveilleux dans tout le royaume : le roi son époux devient sa première conquête par la pratique d'une vie chrétiennement régulière ; non seulement elle donnait d'abondantes aumônes à des troupes d'indigents, mais en nourrissait chaque jour trois cents avec une bonté toute maternelle. Tous ses joyaux disparaissaient en œuvres de charité. L'Ecosse admirait en elle les reflets de la Mère de Dieu. Aussi quand elle expira, son visage offrit une beauté merveilleuse, signe de son élévation dans la gloire, et le pape Clément X la donna pour patronne à l'Ecosse.

D'autres noms auraient pu trouver place dans ce groupement ; il a fallu se borner.

Ce groupement de bons princes et de charmantes princesses ne forme-t-il pas une véritable constellation mariale? Le champ d'azur n'orne pas seulement les blasons, il s'étend aux mœurs et aux actes des princes ; et alors, dans cet azur, la bienheureuse Vierge Marie se plaît à s'y faire reconnaître comme dans un miroir et à y verser ses grâces.

Quel malheur si jamais l'azur reste aux blasons et disparaît des mœurs de la monarchie ! Tout s'éteindrait.

CHAPITRE V

Quatrième bienfait de Notre-Dame :
L'épanouissement des œuvres de charité au milieu
des Nations.

I. Le nom divin de charité. De quelle manière l'Eglise et
la Vierge coopèrent à la charité de Jésus-Christ : en se
servant de ses actes divins comme germes pour les faire
fleurir en institutions permanentes de charité. — II.
Institution de la rédemption des captifs. Intervention
de Marie aussi maternelle que poétique. — III. Institution de la Trêve de Dieu : complaisances qu'y trouve
la douce Vierge. — IV. Institutions de charité pour
soulager les misères. Le moyen âge les commence, les
temps modernes en seront le merveilleux assemblage.
Calamités publiques soulagées au moyen âge : la lèpre
et le feu des ardents. La Vierge Marie rosée sur le feu
ardents. —V. Institutions pour soulager les classes laborieuses. Le moyen âge s'attache à procurer les améliorations qui grandissent l'homme dans ses besoins.
Développée à la suite des croisades, la dévotion envers l'époux de la Vierge, Joseph le charpentier, contribue à l'ennoblissement des travailleurs.

I

La religion, voulant réformer le cœur humain,
et tourner au profit des vertus nos affections et nos
tendresses, a inventé une nouvelle passion : elle
ne s'est servie, pour l'exprimer, ni du mot d'a-
mour, qui n'est pas assez sévère, ni du mot d'a-
mitié, qui se perd au tombeau, ni du mot de pitié,

trop voisin de l'orgueil ; mais elle a trouvé l'expression de *charitas*, charité, qui renferme les trois premières, et qui tient en même temps à quelque chose de céleste. Par là, elle dirige nos penchants vers le ciel, en les épurant et les reportant au Créateur ; par là, elle nous enseigne cette vérité merveilleuse, que les hommes doivent, pour ainsi dire, s'aimer à travers Dieu, qui spiritualise leur amour et leur communique le sublime de l'héroïsme.

Mais dans l'exercice de cette charité, le Christ a voulu que ni l'Eglise, ni la Vierge Marie ne fussent absentes. Qu'a-t-il fait en vue de cette coopération deux fois maternelle? Il a établi que ses propres actes qui ont été transitoires en Judée, deviendraient institution permanente au sein de son Eglise. Ainsi Jésus a rendu la vue à un aveugle : il y aura dans l'Eglise une institution pour les aveugles. Jésus a guéri des infirmes : il y aura dans l'Eglise des Institutions pour les infirmes. Jésus a béni des petits enfants : il y aura dans l'Eglise des œuvres pour les enfants. En un mot tout ce qui a été acte dans la vie du Christ deviendra institution dans la vie de l'Eglise. Lorsque le Fils de Dieu remonta dans les cieux et que l'Eglise, en sa place, descendit dans les luttes de ce monde, il laissa tomber sur elle cette magnifique promesse : *elle fera même les œuvres que je fais, et en fera encore de plus grandes*[1]. Alors l'Eglise s'est avancée, bril-

____
[1] *S. Jean*, xiv, 12.

lante de jeunesse et d'espoir : sur son front, il y avait une auréole, et dans ses mains elle tenait un livre. Ce livre, c'était l'Evangile qui renfermait des germes divins, c'est-à-dire les actes du Christ. Et l'auréole, c'était le génie, le génie du christianisme, qui de ces germes, de ces actes, allait faire jaillir un splendide assemblage d'institutions de charité. Nous allons décrire le réseau qui appartient au moyen âge.

O Vierge Marie, en ce réseau s'entrelace, comme des fils d'or et de soie, les inventions de votre charité personnelle.

II

Un jour de sabbat que Jésus était entré dans la synagogue de Nazareth, il se leva pour lire et on lui présenta le livre du prophète Isaïe ; et l'ayant ouvert il rencontra l'endroit où ces paroles étaient écrites : *L'Esprit du Seigneur est sur moi, c'est pourquoi il m'a envoyé pour guérir ceux qui ont le cœur brisé, et annoncer aux captifs leur délivrance.*[1]

Cet acte du bon Jésus, qui donc le traduira en institution à l'époque où les nations chrétiennes se lamentent sur l'horrible captivité d'un grand nombre de leurs enfants? Car voici ce qui est arrivé: Par suite des longues luttes avec les infidèles, une foule de guerriers chrétiens gémissaient dans leurs chaînes, privés de leur patrie, soumis à des traite-

---

[1] *S. Luc, IV.*

ments barbares et bien souvent en danger d'apos-
tasier la foi. L'audace des Sarrasins et des Turcs
ne connaît plus de bornes. A leur tour de rêver
l'invasion de l'Occident. C'est alors que se produit
sur une vaste échelle l'enlèvement, le rapt d'une
multitude de chrétiens que les galères musulmanes
emmènent en captivité. C'était une jeune fille, une
enfant, qu'ils avaient ravie sans pitié, tandis qu'elle
jouait innocemment sur le rivage. C'était un mar-
chand qui, sillonnant les mers pour apporter des
provisions à l'armée chrétienne, était tombé au
pouvoir de ces terribles écumeurs qui regardaient
la Méditerranée comme leur domaine. Tantôt se
jetant sur les côtes, tantôt remontant le cours des
fleuves, ils portaient l'effroi au cœur des familles
et de la chrétienté. Que va faire l'Europe, que va
faire la Religion, en faveur des captifs qui tendent
vers elles leurs bras chargés de chaînes? Quels
moyens pourront être employés pour réaliser une
entreprise de délivrance qu'on ne peut confier ni
à la force ni à la ruse? L'Europe ne rencontrerait
que de l'embarras. Il n'est que trop certain que
ni réclamations, ni négociations des Puissances
chrétiennes n'obtiendraient l'élargissement des
captifs. Quant à de nouvelles guerres, outre qu'elles
augmenteraient les calamités publiques, elles ren-
draient pire le sort des infortunés qui gémissent
dans l'esclavage. Mais si l'Europe ne sait comment
s'y prendre pour être libératrice, la Religion lève
son regard vers le ciel qui va lui répondre.

A cette heure solennelle, la touchante lecture de Jésus dans la synagogue de Nazareth où il prononçait ces paroles : *L'Esprit du Seigneur est sur moi, il m'a envoyé pour guérir ceux qui ont le cœur brisé, et annoncer aux captifs leur délivrance*, cette touchante lecture se traduit en institution de charité et le moyen âge voit fleurir l'œuvre du rachat des captifs. Le Rédempteur se continue dans la rédemption des captifs par son Eglise et la Vierge Marie. Nous n'entrerons pas ici dans les détails de cette sublime institution, nous les avons décrits dans notre ouvrage : « *La Vierge Marie dans l'histoire de l'Orient chrétien*[1] ». Mais il convient d'ajouter quelques charmants épisodes à ceux que nous avons déjà groupés sur la coopération de Marie à la délivrance des captifs.

Pierre Nolasque, un des promoteurs de la miséricordieuse entreprise, était plongé dans une fervente oraison. Voici qu'il se voit tout à coup au milieu d'une vaste cour, des prisonniers venaient à lui de toutes parts, et les rangs s'écartent pour laisser passage à une dame d'une beauté merveilleuse, accompagnée d'un cortège admirable de jeunes vierges. Il reconnut aussitôt la très douce Vierge Marie. Elle s'avança vers le saint, avec un sourire de bonté céleste et lui déclara qu'il devait fonder un nouvel ordre, dont les frères, à l'imitation de son Fils Jésus, se feraient les rédempteurs

---

[1] Librairie Lecoffre, rue Bonaparte, 90, Paris.

dès pauvres captifs de la barbarie des Maures avec une charité si entière, qu'au besoin, ils se livreraient eux-mêmes à l'esclavage pour racheter les pauvres prisonniers. Puis, elle lui dit encore que sa nouvelle famille religieuse devait s'appeler l'*Ordre de la Rédemption des captifs, de la Bienheureuse Vierge Marie de Merci*, l'assurant que cette fondation serait très bienvenue et très aimée d'elle et de son Fils Jésus.

Un autre promoteur de la sublime entreprise, Félix de Valois, établissait, de concert avec Jean de Matha, l'*Ordre de la Très-Sainte-Trinité pour la rédemption des captifs*. Voici le récit d'une éclatante faveur que le saint reçut de la bienheureuse Vierge Mère de Dieu : « La veille de la Nativité de la glorieuse Reine du ciel, les frères demeurant endormis et ne se levant point pour réciter les matines à minuit, Félix avec sa vigilance ordinaire prévint l'heure de l'office ; et lorsqu'il entra à la chapelle il vit au milieu du chœur la sainte Vierge portant l'habit et la croix de l'Ordre, entourée d'un grand nombre de bienheureux revêtus du même costume. Le saint se mêla aux habitants du ciel, et, répondant pieusement à la bienheureuse Mère de Dieu qui commença la récitation des psaumes, il accomplit avec joie le divin office ».

Ce qui précède nous montre la douce Vierge favorisant ceux qui allaient au secours des pauvres captifs. Mais parfois Marie se plaisait à les secourir directement. Nous renvoyons le lecteur à notre ouvrage : « La Vierge Marie dans l'Histoire de l'Orient chrétien », où se trouvent énumérées des délivrances miraculeuses opérées directement et d'une manière charmante par la Vierge puissante[1].

En résumé, voici les résultats positifs accomplis par ces œuvres de rédemption. On a calculé qu'en quatre cent trente-sept ans, les religieux Trinitaires ont racheté 30.720 esclaves chrétiens. L'Ordre de Notre-Dame-de-la-Merci a présenté, dans l'Eglise, une extension non moins brillante. O plages de l'Orient, rives du Jourdain, de l'Euphrate et du Nil, vous n'avez rien à envier aux montagnes dont le prophète a chanté : Qu'ils sont beaux sur les montagnes, les pieds de ceux qui apportent l'évangile de paix ; plages de l'Orient, rives du Jourdain, de l'Euphrate et du Nil, vous avez vu des religieux, prenant la place des captifs, se vendre pour racheter leurs frères ; vous avez vu passer des copies vivantes de la Rédemption. Et c'est le souffle de la Vierge qui les animait d'après le divin Modèle.

III

Autre parole du divin Maître, autre institution de charité.

Au début de sa douloureuse Passion, le Christ disait à Pierre : « *Remets ton glaive dans le fourreau* ». L'Eglise avait recueilli cette recommanda-

----

[1] Chap. vii de la deuxième partie, § iv.

tion, et elle recherchait les circonstances et les moyens de la mettre en pratique. Le moyen âge fut encore l'époque fortunée de la nouvelle institution, et la chrétienté vit fleurir et s'établir la *Trêve de Dieu.*

Qu'était-ce que la Trêve de Dieu? Elle était une suspension d'armes que l'Eglise imposait aux seigneurs. Ils devaient remettre le glaive dans le fourreau du mercredi soir au lundi matin, depuis l'Avent jusqu'à l'Epiphanie, depuis la Quinquagésime jusqu'à la Pentecôte, pendant les Quatre-Temps, et à toutes les grandes fêtes du Sauveur et de Notre-Dame. Cette suspension d'hostilités où s'arrêtait l'effusion du sang chrétien, ne fut pas imposée et acceptée d'un seul jet; il fallut toute la patience des Papes, des Conciles et des Evêques pour la faire fleurir et l'établir.

Cette institution de la Trêve de Dieu fut un des plus admirables artifices pour procurer l'adoucissement des mœurs. En effet, l'homme qui, durant quatre jours de la semaine, et pendant de longues périodes de temps, se voyait forcé de suspendre l'exercice de la force, s'inclinait nécessairement à des mœurs plus douces ; il devait finir par renoncer entièrement à la force. Ce qui est difficile, ce n'est pas de convaincre l'homme qu'il agit mal, mais de lui faire perdre l'habitude d'agir mal : or, l'on sait que toute habitude s'engendre par la répétition des actes et se perd dès que l'on a obtenu de faire cesser les actes pendant un certain temps.

O Vierge Marie, rien ne réjouissait mieux votre âme si douce que les 281 jours qui composaient la trame de la Trêve de Dieu durant l'année ; à chaque étape de suspension d'hostilités, vous étiez ravie comme à un retour de Noël, de ce premier Noël où le bruit des armes avait cessé par tout l'univers, alors qu'apparaissait la bénignité dans l'avènement du fruit béni de vos entrailles virginales, *benignitas apparuit*[1].

Les ravissements de la divine Vierge étaient entretenus par d'autres dispositions de la Trêve. « Etaient à l'abri des hostilités d'un bout de l'année à l'autre, tout ce qui était consacré à Dieu et tout ce qui était faible et sans défense. »

En effet, décisions de différents Conciles :

Il est ordonné que les bergers et leurs brebis jouiront en tout temps de la sécurité de la Trêve ; la même faveur est étendue à toute maison située à trente pas des églises.

Il est défendu de couper les oliviers. Le concile de Narbonne donne une raison qui, aux yeux des juristes, ne serait certainement ni assez générale ni assez convaincante, mais qui, aux yeux de la philosophie de l'histoire, est un beau symbole des idées religieuses exerçant sur la société leur bienfaisante influence. « C'est, dit le concile, que les oliviers fournissent la matière du Saint-Chrême et alimentent la lampe qui brûle dans les églises. »

[1] Ep. ad Titum.

O douce Vierge, comme ces raisons et le respect des oliviers devaient vous plaire, vous dont il est dit au Cantique sacré : *Votre nom est une huile exquise qui soulage et fortifie*[1] !

Les Conciles de Rouen, de Latran, de Clermont garantissent une paix perpétuelle à tous les clercs, moines et religieuses, aux femmes, aux pèlerins, aux marchands, aux bœufs et chevaux de labour, aux charretiers, aux laboureurs, en un mot à tout ce qui est faible et entretient la vie domestique.

D'autres Conciles disposent que, si un homme, poursuivi par son ennemi se réfugie près d'une croix, il y doit être en sûreté, parce que les bras de la croix doivent sauver le malheureux qui vient l'embrasser. Cette ordonnance rappelait le célèbre épisode de pardon arrivé à Florence.

Saint Jean Gualbert n'était encore qu'un jeune et brillant chevalier, quand le meurtre de son frère, tué dans un guet-apens, assombrit son âme et la remplit de sentiments de vengeance contre le meurtrier. Il le rencontre dans un chemin étroit, bordé de rochers à pic Il tire son glaive. L'adversaire ne peut lui échapper, il est du reste, sans armes. Mais celui-ci étend les bras en croix, car c'était le jour du Vendredi-Saint. Jean Gualbert se sent ému jusqu'au fond du cœur à l'apparition de la croix de son Dieu se manifestant dans la personne de son ennemi ; il lui tend la main, en disant : « Ne

---

[1] *Cantiq.*, 1.

craignez plus rien de moi. » Puis, tout pensif, il continue son chemin jusqu'à Florence ; il rencontre une église, il y entre et regarde un grand crucifix. O prodige ! le crucifix incline la tête pour le remercier d'avoir pardonné. Ce pardon, ce merci firent de Jean Gualbert un grand saint.

Ces touchantes ordonnances des Papes et des Conciles attestent que le moyen âge avait à cœur d'observer la recommandation du Christ : *Remets ton glaive dans le fourreau*, et que l'Eglise, en instituant la Trêve de Dieu, a préludé à cette époque chantée par les prophètes, où sous la houlette d'un seul pasteur *les épées seront transformées en socs de charrue et les lances en faulx pour la moisson*[1].

IV

Autres actes de Jésus, autres institutions de charité.

L'Evangile a recueilli en plusieurs endroits ce cri sorti de son cœur : J'ai compassion de cette foule, *misereor super turbam*, et il guérissait les lépreux, faisait marcher les paralytiques, rendait la vue aux aveugles, l'ouïe aux sourds, et il nourrissait les affamés.

C'était la misère avec son cortège d'infirmités et de douleurs que le Fils de Dieu prenait ainsi en grande pitié, ce n'était point la pauvreté. La misère

---

[1] *Isaïe*, 11.

est différente de la pauvreté, et l'humanité n'est pas condamnée à la subir. La pauvreté seule lui est imposée en punition de la faute de son premier père. Comment le moyen âge va-t-il traduire en institutions les actes du Sauveur guérissant les misères? Une remarque importante doit se placer ici :

Le développement social chrétien ou la marche de la société chrétienne aura eu trois âges. L'âge de la conquête de la terre : c'est l'époque de l'arrivée et des travaux des apôtres, puis de l'invasion des Barbares qui deviennent les auxiliaires du christianisme. L'âge de l'érection des temples ; c'est l'époque du moyen âge ; après que les eaux impures du paganisme se furent écoulées, après que les hordes des Barbares se furent arrêtées et fixées, la chrétienté maîtresse de la terre connue la couvre de cathédrales, expression de sa reconnaissance, et la sculpture, la peinture rivalisent pour orner les temples qui deviennent de véritables poèmes. Enfin l'âge de l'organisation sociale : c'est l'époque des temps modernes où les œuvres de charité pour secourir et faire disparaître les misères trouveront leur magnifique épanouissement. Toutefois ces trois phases sont inséparables, car le christianisme mène tout de front. Mais au premier âge prédomine la conquête de la terre ; au deuxième, l'érection des cathédrales ; au troisième, les œuvres de charité pour faire disparaître les misères.

Cette remarque étant faite, voyons comment le moyen âge a eu ses œuvres de charité. Nous ne décrivons pas le soulagement des misères privées ; il suffit de dire qu'on s'y aimait à travers Dieu. « S'aimer à travers Dieu », charmante expression du moyen âge : à travers Dieu, le pauvre arrivait avec sa résignation ; à travers Dieu, le riche arrivait avec sa bienfaisance ; leurs mains se rencontraient dans celles du Dieu d'amour. Cette rencontre de charité s'est vue dans tous les temps chrétiens. Aussi, est-ce aux calamités publiques soulagées par le moyen âge qu'il faut prêter attention. Deux grandes calamités caractérisent les misères au moyen âge : la lèpre et le feu des ardents.

Importée en Occident à la suite des croisades, la lèpre y fit de terribles ravages. En 1225, du temps de Louis VIII il y avait deux mille léproseries dans la France d'alors, et dix-neuf mille dans la chrétienté. Ces établissements ont disparu avec la maladie qui les avait rendus nécessaires. Dans beaucoup de villes, le nom de léproserie est resté à la rue, au quartier où était situé cet hôpital.

Sans nous étendre sur les soins prodigués à la hideuse maladie dans ces institutions d'héroïque charité[1], nous dirons le sourire de Marie et de l'E-

---

[1] Nous avons exposé ailleurs cet héroïsme à propos de la lèpre en Orient et des chevaliers de l'Ordre de Saint-Lazare, dont le Grand-Maître était toujours un lépreux. (Voir notre livre *La Vierge Marie dans l'Histoire de l'Orient chrétien*, 2e partie, ch. v.

glise à l'égard de quelque pauvre lépreux relégué dans une chaumière. Après que tous les ustensiles qui devaient lui servir dans sa solitude avaient été bénits, le clergé le conduisait avec la croix et accompagné de tous les fidèles, dans la cabane isolée destinée à être sa demeure. L'image de la Vierge Marie y était placée pour exciter sa confiance. Plus d'une fois, des chants d'inénarrable espérance montaient vers le ciel de ce tombeau vivant. A l'encontre de la superstition populaire qui faisait prendre la fuite devant un lépreux, la Mère de Pitié venait dire : Pitié sur eux, mon fils Jésus n'a-t-il pas été considéré comme un lépreux.

La contagion de l'héroïsme accompagnera celle de la maladie. On verra un François d'Assise rencontrer dans la vallée de Spolète un lépreux qui voudrait lui baiser les pieds ; mais le saint, le prenant dans ses bras, baisera lui-même ses plaies ulcérées et le guérira ainsi. Des légendes dont la scène se retrouve dans plus d'un lieu raconteront des traits de touchante compassion pour ces infortunés : par exemple, au bord d'un fleuve désolé par de fréquents naufrages, un noble seigneur et son épouse entendent des cris ; le châtelain se jette dans les flots et sauve un étranger qui est transi de froid et, de plus, couvert d'une horrible lèpre ; ils ne l'en couchent pas moins dans leur propre lit ; soudain la chambre se remplit de lumière, et le malade, resplendissant d'une beauté surhumaine, bénit les deux époux qui ont reconnu le divin Fils de Marie.

L'autre calamité qui désole la chrétienté au moyen âge est, avons-nous dit, le Feu des ardents. On appelait de ce nom une espèce d'érésipèle ou de charbon pestilentiel qui régna d'une manière épidémique au xiie siècle, particulièrement en France. Le mal des ardents était fort cruel.

On invoquait contre lui sainte Geneviève, et, parce que l'humble bergère se plaisait à accorder des guérisons, on la nomma longtemps sainte Geneviève des ardents. Mais plus haut que sainte Geneviève, les mains brûlantes des pauvres pestiférés se tendaient vers la Vierge Marie. On se rappelait, en ce temps où la connaissance de la sainte Ecriture était familière, que la rosée était tombée sur la toison de Gédéon, rosée et toison figuratives de Marie, et alors les malades invoquaient la douce Vierge sous le vocable de rosée de Gédéon ! « O Notre-Dame, rafraîchissez nos plaies brûlantes, vous êtes la rosée du matin, vous êtes la rosée qui tempère le feu de la fournaise, vous êtes la rosée qui amollit la dureté du cœur. » Et non moins que sainte Geneviève, la bonne Vierge apaisait par des miracles ou par des soulagements le mal des ardents.

V

Dernière parole touchante de Jésus traduite en institution :

« Venez à moi vous tous qui souffrez et qui êtes chargés, et je vous soulagerai[1] ». Cette invitation s'adressait, d'une façon générale aux pauvres humains atteints par n'importe quelle souffrance, mais d'une manière plus particulière aux travailleurs, aux hommes de peine qui portent le poids du jour et de la chaleur.

Or le moyen âge s'est appliqué à traduire en institution cette sollicitude divine. Comment a-t-il réalisé la promesse du soulagement? et comment la douce Vierge Marie y intervient-elle?

Ce n'est pas encore l'époque des améliorations par les découvertes de la science et de l'industrie. Ces découvertes, machines d'agriculture, développements du commerce, invention de toutes sortes, soulageront les classes laborieuses. L'industrie, fille de la nature comme la nature est fille de Dieu, fera suer les machines pour épargner des sueurs au corps de l'homme. Qu'elles seront belles alors les mains noires et calleuses de l'ouvrier, pleines de houille et de fumée, mais aussi pleines de gloire : il ressemblera à un dompteur de coursier, saisissant la matière rebelle par sa crinière et lui attachant aux naseaux deux fournaises ardentes et faisant rendre à son collier des frémissements aigus.

Toutefois, ces améliorations sont en quelque sorte extérieures, venant des objets. Elles sont précédées, au moyen âge, d'améliorations inhé-

---

1 *S. Math.*, xi, 28.

rentes à la personne humaine, par conséquent aux classes laborieuses elles-mêmes. C'est d'abord au milieu d'elles, la formation des communes. L'Eglise favorise partout cette communauté civile. qui a la charte de ses droits, son conseil, ses chefs, sa milice et son drapeau. Par elle, l'ouvrier n'est plus seul en présence de la richesse, ni seul non plus en présence du malheur.

Ensuite l'assistance qui, en ce temps-là, est prêtée à l'artisan, au laboureur, à l'homme de peine, l'honore et le grandit. Il y a une assistance qui humilie quand elle prend l'homme par en bas, par les besoins terrestres seulement. A l'époque de la chrétienté, l'assistance prenait l'homme par en haut, elle allait droit à l'âme, elle s'occupait de son éducation religieuse et morale, de tout ce qui l'affranchit de ses passions et d'une partie de ses besoins, de tout ce qui peut le rendre grand. Cette assistance s'exprimait par de touchantes institutions qui réalisaient à la lettre le cri de pitié et la promesse du Sauveur : Venez à moi vous tous qui êtes chargés et je vous soulagerai. Ainsi, il était d'usage que le Vendredi-Saint le Pape allât à l'hôpital des Pèlerins laver les pieds des pauvres et les servir à table : après qu'il a versé l'eau sur les pieds de quelque artisan ou laboureur, devant lequel il s'agenouille, il le baise avec vénération, apprenant par cet exemple au riche que son or est bien froid, s'il n'y joint l'aumône des lèvres et du cœur ; au pauvre, qu'il n'est pas de condition plus honorable que la sienne, puisque la religion met à ses pieds celui qui est le Vicaire de Dieu et le Chef spirituel de l'humanité. Les monarques catholiques imitaient alors la charité du Souverain Pontife.

Une dévotion développée par les croisades vient également contribuer à l'ennoblissement des travailleurs : la dévotion envers l'époux de la Vierge, Joseph le charpentier. Des traditions rapportées de l'Orient fournissaient de touchants détails sur l'atelier du charpentier descendant des rois de Juda et sur ses derniers jours de peine et de souffrances.

Son atelier. — L'atelier de saint Joseph fut la scène de bien des tableaux admirés par les anges. Voici l'attirail qui entoure un charpentier dans son travail : des planches, des pièces de bois de toutes formes, des outils mêlés avec une apparente confusion, et, au dehors, près de la porte, des charrues et des instruments de culture. Telle est la scène qui se présente. Marie est debout contre la porte. Joseph montre à Jésus à faire quelque ouvrage ; sa large main couvre la petite main de l'Enfant et guide ses doigts avec précaution, mais il regarde la figure du Fils adoré bien plus que son ouvrage. Il le voit tout resplendissant de gloire, et sa foi reconnaît en lui le Créateur tout-puissant, l'éternel Ouvrier des mondes, dont lui, le vieux charpentier, presse, guide, manie les doigts comme il veut. Il ne laisse pas de conduire la main de Jésus, il n'interrompt pas sa leçon qu'il sait être si peu nécessaire[1].

Ses derniers jours de peine et de souffrance. — Une tradition ancienne rapporte que le chef de la sainte Famille fut éprouvé par l'infirmité durant les dernières années de sa vie. Peu à peu, sa main tremblante laissa tomber les outils du travail. Jésus les prit, Jésus travailla, Jésus nourrit à son tour celui qui l'avait nourri ; et qui dira avec quelle tendre adoration, avec quelle émotion douce et profonde le saint vieillard mangeait ce pain trempé dans les sueurs divines du Fils de son amour! Et quand il fallut à Joseph des soins plus particuliers, comme il fut entouré, nuit et jour, d'une tendresse qui se multipliait sans se lasser jamais !

Une autre tradition orientale fait ce récit des dernières angoisses de saint Joseph et du divin soulagement qui leur fut procuré ; ce récit se lisait dans les églises d'Orient le jour même de la fête de saint Joseph : « Le bienheureux charpentier touchait au terme du voyage. Près de Jésus et de Marie, éclairé par ces deux célestes lumières, ses derniers instants ressemblaient moins au déclin de la vie qu'à l'aurore d'un jour naissant. On dit pourtant que son âme connut un instant l'effroi naturel du trépas : « Mon fils, dit-il à Jésus, les angoisses de la mort m'ont environné ; mais, à ta voix, mon âme s'est apaisée. O Jésus, ton nom

---

[1] Père Faber.

si doux réjouit mes lèvres mourantes et me donne par avance une joie céleste ». Cependant la divine Vierge dit à Jésus : « Mon fils, voici que Joseph va mourir ». Et elle pleura. Jésus était penché sur le saint vieillard qui tenait ses yeux attachés sur lui. Il n'avait plus la force de parler ; mais son regard et ses soupirs disaient encore son amour. Jésus lui prit la main et lui dit : « Père bien-aimé, quittez cette vallée de misères ; allez annoncer à vos pères que dans peu, je descendrai vers eux, pour les conduire au royaume céleste ». Enfin, l'heure étant arrivée, Joseph remit son âme entre les mains de Jésus, qui lui ferma les yeux et les lèvres, et, se retournant vers Marie, lui apprit que son chaste époux était mort. Alors le Fils de Dieu, se rappelant les soins du bon vieillard, ses fatigues dans la fuite en Egypte, ses privations dans le désert, son long travail, s'attendrit, et, se penchant sur le corps inanimé, il le tint longtemps embrassé, mêlant ses pleurs à ceux de la divine Vierge. »

Il n'est pas douteux que ces touchants récits, transmis à l'Occident par les croisades, n'aient largement contribué à dulcifier les soucis et les peines des classes laborieuses et à les entraîner dans les bras de Celui qui a dit, en instituant le sacrement de l'amour : *Venez à moi vous tous qui êtes chargés, et je vous soulagerai.*

CHAPITRE VI

Cinquième bienfait de Notre-Dame :
Le secours dans les dangers.

I. Caractères des secours du ciel sous l'ancienne Alliance, ce sont des coups de force. Caractères des secours sous la nouvelle Alliance, ce sont des coups de Providence : ils sont supérieurs aux précédents, parce qu'ils sont plus discrets. — II. Rôle admirable de la très sainte Vierge en ce nouveau genre de secours : crises de vies individuelles, crises des peuples chrétiens. Son secours prompt et discret ressemble à la nuée légère que monte le Seigneur. — III. La nuée légère au siège de Belgrade : son assistance, invoquée par le Pape Calixte III, procure la victoire à Jean Hunyade et à saint Jean de Capistran contre Mahomet II.— IV. La nuée légère à la journée de Lépante : atrocité turque qui hâte la formation de la ligue chrétienne sous l'inspiration de saint Pie V; don Juan d'Autriche généralissime; le Rosaire et l'étendard de la Vierge durant la bataille ; prodige marial dans l'annonce du triomphe au Souverain Pontife. —V. La nuée légère à la délivrance de Vienne par Jean Sobieski, roi de Pologne ; institution de la fête du Saint Nom de Marie. Bannières de l'Auxiliatrice des chrétiens.

I

Il y a aussi une grande différence, qui est aussi une magnifique gradation, entre les secours du ciel extraordinairement accordés, autrefois, au peuple juif, et les secours du ciel extraordinairement accordés au peuple chrétien.

Les secours du ciel sous l'ancienne Loi avaient le caractère de coups de force. La prophétesse Débora chantait ainsi, dans son fameux cantique, l'intervention de Dieu en faveur de son peuple ou les miracles de sa protection : *Du ciel, on combattait pour nous ; et les étoiles sans quitter leur rang et leur cours ordinaire, se prononçaient contre nos ennemis.*

En effet :

A la fameuse journée où le soleil s'arrêta à la voix de Josué, pendant que les Chananéens étaient en fuite, Dieu faisait tomber du ciel de grosses pierres comme une grêle, afin que personne ne pût échapper, et que ceux qui avaient évité l'épée, fussent accablés des coups d'en haut.

A Jéricho, les murailles s'écroulaient tout à coup.

D'autre fois, Dieu faisait gronder son tonnerre sur les fuyards qui, glacés de frayeur, se laissaient tuer sans résistance.

C'est ainsi que s'accomplissait à la lettre ce qu'avait chanté Débora : du ciel on combattait pour nous ; et les étoiles sans quitter leur rang et leur cours ordinaire, se prononçaient contre nos ennemis.

Tel fut le caractère des miracles de protection sous la Loi ancienne : des coups de force. Le Seigneur combattait à la façon d'un allié fidèle, qui accourt sur le champ de bataille.

Depuis que la Loi évangélique est devenue la loi

du monde, les miracles de protection et de salut ne sont plus des coups de force. Ils ont un caractère plus tempéré, plus discret, parce que le genre humain est arrivé à l'âge d'homme ; le libre arbitre semble laissé davantage à lui-même. Aussi, les miracles apparaissent mêlés aux actes de la liberté humaine, entrelacés au cours des causes secondes, fondus doucement avec les événements, comme l'arc-en-ciel qui se détache sur les nuages tout en leur restant uni, et s'évanouit en eux après qu'il a fini son rôle et rappelé l'alliance de l'Eternel.

Un exemple de cette intervention du ciel plus discrète. A propos de la victoire qui donna l'empire à Constantin, et la liberté aux chrétiens, que se passa-t-il? Le *Labarum* apparaît dans les airs, Constantin encouragé livre bataille à Maxence ; Maxence, au contraire, se trompe dans ses combinaisons, elles se tournent contre lui, il se noie dans le Tibre. En tout cela l'intervention du ciel est manifeste, éclatante, mais en même temps elle est discrète, entrelacée au cours des événements. Le Seigneur n'accourt plus sur le champ de bataille avec des coups de force, mais il y dévoile sa présence par des *coups de providence*. Dans les guerres d'Israël, les *étoiles combattaient pour lui, sans quitter leur rang :* dans les guerres du peuple chrétien, ce sont *les événements* qui combattent pour lui, sans quitter leur ordre.

De ces deux sortes d'intervention du ciel, la deuxième est assurément supérieure à la première,

parce qu'elle est plus douce, plus discrète, plus respectueuse du libre arbitre et des événements qui
en sont le produit.

II

Qui ne voit de suite quel rôle incomparable va
remplir sous la nouvelle Alliance, au point de vue
des secours, la Vierge Marie? N'est-elle pas la discrétion personnifiée, la délicatesse même tout en
étant la toute-puissance volant au secours? Aussi
que de prodiges lui sont dus, dans *les crises !*

Prodiges *dans les crises des vies individuelles.*
Personne ne vaut une mère pour triompher des
crises. Une mère épie le mal, et ne quitte pas son
enfant. Penchée à son chevet, elle étudie la marche
de la maladie et, à un moment donné, à force d'intelligence et de tendresse, elle en triomphe : la
crise alors a une issue heureuse. Ainsi fait Marie,
dans nos crises morales. Elle épie tous les symptômes par lesquels passe son pauvre enfant malade,
tourmenté. Elle envoie une grâce, puis une autre,
dirige un bon mouvement, fait éviter un piège, et
cela sans rien déranger aux événements, sans rien
ôter au libre arbitre. On dirait, tant les coïncidences sont souvent étonnantes et préservatrices, que
les événements se prêtent avec bonheur à sa maternelle stratégie. Et tout à coup le mal est vaincu :
on est sauvé de l'enfer. O vies chrétiennes, vous
êtes toutes, à ce point de vue, des livres à miracles,
des vies miraculeusement sauvées. Cher lecteur,

qui que vous soyez, reconnaissez qu'il y a eu des instants terribles dans votre vie où, sans pouvoir dire comment, vous avez triomphé.

C'est que Marie était avec vous sur le champ de bataille! Aussi, les miracles sous la nouvelle Alliance sont incomparablement plus multipliés et plus nombreux que sous l'ancienne. Des coups de force éclataient, de loin en loin , dans la vie du peuple juif ; mais depuis le règne de Marie, ce sont des coups de la grâce qui éclatent journellement, dans la vie de tous les chrétiens.

Merveilleux dans les crises individuelles, ces coups de la grâce, ces coups de providence, aux ordres de Marie, ne le sont pas moins *dans les crises des peuples chrétiens.* O peuple de France, ô peuple d'Italie, ô peuple d'Espagne, ô peuple de Hongrie, vos annales ne sont-elles pas remplies d'étonnantes délivrances, dues à son intervention? Des difficultés étaient réputées inextricables : tout à coup elles se trouvaient déliées avec tant de délicatesse qu'on y reconnaissait le passage de doigts virginaux, de la Vierge des vierges! D'autres fois, le secours arrivait si prompt, si complet qu'on sentait bien, tant le coup contre l'adversaire portait juste et profond, que c'était l'arrivée d'une mère.

Il y a dans les livres saints, une figure extrêmement belle de ce secours si délicat, et en même temps si sûr et si prompt dû à l'intervention de la très sainte Vierge : la figure de la nuée. Marie appelée *la nuée légère sur laquelle monte le Seigneur.* Les nuées, en général, ont cela de très remarquable qu'elles sont la plus saisissante manifestation de la Providence. Les nuées rappellent à chaque instant qu'il y a une Providence. En effet, de leur sein, Dieu envoie aux hommes la rosée et la pluie, et aussi la grêle, les éclairs, la foudre. Suivant les ordres qu'elles ont reçus, elles répandent dans les champs et sur les travaux des hommes, la fécondité ou la mort. Douées d'une vélocité surprenante, elles semblent porter les ordres de la Providence à toutes les parties du globe. Aussi, David les appelle-t-il le char royal de Dieu : *Vous montez, Seigneur, sur les nuées comme sur un char* [1]. Marie est sur l'horizon des siècles, la nuée par excellence, nuée légère et protectrice. Oh! que cela est vrai! N'est-ce pas de ses flancs bénis, alors que le monde périssait de sécheresse et de stérilité, qu'est sorti Celui qui a été la pluie des cieux, la rosée tant désirée, le *Désiré des Nations* [2]. Depuis lors, la sublime auxiliatrice des chrétiens et de la chrétienté n'a pas cessé un seul instant son rôle de nuée légère et protectrice. Elle est au firmament attentive et prompte : son secours arrive inopinément, comme les nuées. Le prophète Isaïe a entrevu et salué son pudique secours entrelacé à la force même du Tout-Puissant, sous la figure de la nuée légère : *Le Seigneur montera sur un nuage léger, et il entrera dans l'Egypte, et les idoles d'Egypte seront ébranlées de-*

[1] *Ps.* CIII.

6

vant sa face, et le cœur de l'Egypte se fondra au milieu d'elle [1].

Admirons dans les annales de la chrétienté les hauts faits de cette incomparable nuée des cieux.

III

Son assistance se transporte tout d'abord dans le jeune royaume de Hongrie.

Tandis que les monarques des autres royaumes se lassent de guerroyer contre les infidèles, ce sera la gloire de la Hongrie de demeurer opiniâtre dans la lutte, pour le salut de la république chrétienne. C'est la plus belle page de son histoire.

Le pape était alors Calixte III. Il avait dit le jour de son élévation sur le trône pontifical : « Au nom de la sainte et indivisible Trinité, je jure de poursuivre à outrance les Turcs, ces cruels ennemis du nom chrétien, par tous les moyens qui seront en mon pouvoir. » Il tint parole.

Mahomet II venait de mettre le siège devant Belgrade avec une armée formidable. Cette ville prise, l'Europe était ouverte. Le célèbre Jean Corvin Hunyade se dresse comme un rempart. Epouvantés de sa valeur, les Turcs le nommaient le *Diable*. La famille de Hunyade avait dans ses armes un corbeau tenant au bec un anneau d'or ; de là sans doute le nom de Corvin. Les chroniques

[1] *Isaïe*, XIX.

rapportent que ce Jean Hunyade, le chevalier blanc de la Hongrie, le « Diable des Turcs », battit dix fois les infidèles en bataille rangée : quatorze fois il les prit au dépourvu et les dispersa, et toujours il revenait rapportant aux pieds de la Mère de Dieu les étendards des ennemis.

Le pape lui donne comme auxiliaire saint Jean de Capistran, révéré des peuples comme un prophète et un thaumaturge. Plus d'une fois pour traverser les fleuves avec ses compagnons, il ne se servit pas d'autre barque que de son manteau qu'il étendait sur les ondes.

En outre, Calixte III appelle le ciel au secours de la Hongrie. Il ordonne que chaque jour à midi, on sonne les cloches dans toutes les paroisses de l'Europe, afin d'avertir les fidèles de prier pour les défenseurs de la chrétienté qui marchent contre les Turcs. Des indulgences sont accordées à tous ceux qui au son des cloches réciteront l'*Ave Maria*. C'était la nuée légère qui, à la voix du Pontife, volait de clocher en clocher ranimant l'élan contre le farouche ennemi de la chrétienté.

Hunyade fit des prodiges de valeur. Saint Jean de Capistran, armé de la croix et toujours sur la brèche, communiquait aux soldats chrétiens un courage surhumain. Tout plie devant ce héros. L'armée criait : *Jésus Marie*. Le fier Mahomet, grièvement blessé, lève le siège de Belgrade, la rage au cœur.

Coïncidence touchante dans l'union fraternelle

de Jean Hunyade et de saint Jean de Capistran :
comme si leur mission à tous deux eût été terminée
par la délivrance de Belgrade, Hunyade vécut
à peine quinze jours et Jean de Capistran mourut
trois mois après. La nuée légère les emmenait
au séjour des éternelles récompenses.

L'Europe pouvait respirer. Le répit ne fut point
de longue durée, mais la nuée légère attendait
les Turcs à Lépante.

IV

Le Pape saint Pie V occupe le siège apostolique.
Sentinelle vigilante contre les Turcs, il ne cessait
de conjurer le péril général de la chrétienté, soit
dans ses supplications auprès de Dieu, soit dans ses
supplications auprès des princes de l'Europe.

De son côté, l'Islam ne s'endormait ni dans l'ou-
bli, ni dans l'indifférence. Brusquement l'île de
Chypre est bloquée par une flotte ottomane considé-
dérable. Il se passe alors une scène d'effroyable
cruauté qui enflammera la vengeance du peuple
chrétien.

Une des villes maritimes de l'île de Chypre, Famagouste, pressée sans relâche par les Turcs, capi-
tule après onze mois d'une défense aussi opiniâtre
que l'attaque. Mustapha feint d'accorder à la dé-
faite des conditions honorables, et, jusqu'à ce qu'il
ait désarmé la garnison, dissimule sa haine implacable. Mais au moment où Bragadini, l'intrépide

gouverneur de Famagouste, vient traiter sous sa tente de l'embarquement des vaincus, les Turcs élevèrent une contestation perfide et Mustapha, comme emporté par un soudain courroux, ordonne de jeter tous les chrétiens dans les chaînes. Leur infortuné capitaine fut mutilé et condamné à porter une hotte pleine de pierres pour la réparation des brèches sur lesquelles il venait de succomber. Puis, au bout de trois jours de ce supplice dérisoire, Mustapha le fait coucher à terre et écorcher. Sans laisser échapper aucune plainte, Bragadini récite le *Miserere*, et en prononçant le verset « Seigneur, accordez-moi un cœur pur », exhale son dernier soupir. Par un raffinement de fanatisme, Mustapha fait ensuite hisser à une antenne cette peau remplie de paille, afin de la promener en vue des côtes [1].

A cette terrible nouvelle, la ligue chrétienne est vite organisée par l'ardeur infatigable du Souverain Pontife. Il nomme généralissime le chaleureux et chevaleresque don Juan d'Autriche. Comme on s'embarquait, le généralissime reçoit, avec la bénédiction papale, l'étendard sous lequel on devait combattre. Puis les navires chrétiens, déployant leurs voiles, partent à la recherche de la grande flotte turque. Ils la trouvent à l'ancre dans le golfe de Lépante, à quarante lieues d'Athènes.

Le lendemain matin, 7 octobre 1571, les Turcs, joyeux de la journée qu'ils se promettaient, se

____

[1] *Histoire de S. Pie V*, par le comte de Falloux, t. II, ch. xxv.

rangent en bataille, donnant à leur flotte la forme
d'un croissant, selon leur usage. Don Juan rangea
au contraire ses vaisseaux de manière qu'ils présentaient la configuration d'une croix. Il y avait
sur chaque navire des religieux franciscains ; leurs
exhortations avaient préparé chaque soldat à combattre généreusement pour la cause sainte et à
mourir sans peur, car tous étaient réconciliés avec
Dieu. On donne le signal du mouvement. Tous les
soldats se mettent à genoux devant le crucifix ;
tous passent à leur cou leur rosaire, comme signe
de ralliement dans la mêlée. Aussitôt don Juan
d'Autriche, sur le vaisseau amiral, élève la bannière
de la bataille qu'il avait reçue du Pape. Elle portait l'image de la Sainte Vierge présentant son divin Fils. La croix invincible la surmontait. Un
grand cri, partant de toutes les poitrines chrétiennes, salua l'étendard béni, qui reçut en même
temps la première décharge de l'artillerie turque.
Mais aucun projectile ne l'atteignit, ni alors, ni de
toute la journée. Les musulmans, ne doutant pas de
la victoire et sachant bien que cette rencontre leur
livrait l'Europe s'ils étaient vainqueurs, chargent
l'armée chrétienne avec la fureur impétueuse qui les
distingua si longtemps. Tout était pour eux ; ils
avaient l'avantage des forces et du nombre ; et le
vent leur était favorable. Mais les soldats chrétiens qui chantaient l'*Exurgat Deus*, ce psaume des
saintes batailles, n'oubliaient pas de leur côté que
le succès est dans la main de Dieu ; et tous, bravant

la mort qu'ils ne redoutaient plus, combattaient en héros.

Pendant le vaste fracas de cette grande bataille, ce même jour 7 octobre, Pie V, qui ne pouvait penser que la rencontre eût lieu si vite, travaillait avec les cardinaux. Tout à coup, il se lève; il ouvre une fenêtre ; il regarde le ciel un moment. Qu'y lut-il? — Il s'écrie aussitôt : — Que les affaires cessent Ne songeons plus qu'à rendre grâce à Dieu de la victoire qu'il vient de donner à l'armée chrétienne. Les cardinaux étonnés suivent le Pape qui se rend à la basilique de Saint-Pierre. Ils se demandent quelle est cette révélation instantanée, accordée au pieux pontife? Le peuple est bientôt informé ; il attribue ce prodige à la Sainte Vierge, protectrice de la flotte; on chante avec joie ses litanies que Pie V enrichit ce jour-là d'une invocation nouvelle, toujours conservée depuis par les chrétiens reconnaissants : *auxilium christianorum !* En outre, l'auguste pontife institue pour le 7 octobre la solennité du saint Rosaire, que l'Eglise célèbre fidèlement.

Ainsi, on fêtait à Rome, par des réjouissances publiques, une bataille qui se livrait à trois cents lieues ; et cette joie n'était pas vaine ; les chrétiens étaient vainqueurs en effet. Le vent s'était tourné pour eux tout à coup. A six heures du soir, après douze heures de combat, les musulmans avaient perdu trente mille hommes, deux cents navires pris ou coulés à fond par les chrétiens ; quatre-vingt-dix autres qui avaient échoué étaient livrés aux flammes. Les vainqueurs ramenaient encore trois cent soixante douze pièces de canon, et, ce qui était d'un bien plus grand prix, vingt-cinq mille esclaves chrétiens rendus à la liberté.

Les Turcs avaient essuyé à Lépante un échec dont ils ne devaient plus se relever.

Qui n'a trouvé et reconnu, en toute cette description, le rôle de nuée légère attribué à la Vierge Marie? Elle s'est avancée contre les Turcs en nuée menaçante qui portait dans ses flancs le tonnerre. A la même heure, elle passait en zéphir devant les fenêtres de saint Pie V pour lui annoncer la victoire de Lépante [1].

[1] On a souvent raconté la vision dont fut favorisé le Pape saint Pie V : on connaît moins celle dont jouit, dans le même temps, la vénérable Catherine de Cardonne. Don Juan d'Autriche, encore enfant, l'avait eue pour gouvernante, alors qu'elle édifiait la cour d'Espagne par la pratique des plus sublimes vertus et excitait l'admiration de sainte Thérèse elle-même. En voyant de si graves intérêts confiés à celui dont elle avait dirigé l'enfance, cette âme d'élite s'interposa entre le ciel et la terre, pour assurer le succès de son entreprise : elle s'enferma dans une chambre, se prosterna la face contre terre, et se mit en supplications. Tout à coup, on l'entendit sangloter et s'écrier avec le plus vif effroi : « Miséricorde, ô mon Dieu, miséricorde, sauvez-nous! En prononçant ces paroles, elle se donnait la discipline jusqu'au sang. Tout le palais fut bientôt en émoi ; on se demandait avec la plus vive anxiété quelle pouvait être la cause de ces alarmes, personne n'osant aborder la sainte. On fit venir alors son confesseur, le R. Père Pierre, Carme-Déchaussé, qui lui ordonna, au nom de l'obéissance, de déclarer le sujet de ses angoisses : « Oh ! s'écria-t-elle, pendant que j'étais en prières, le ciel s'est ouvert à mes regards,

O Marie, ô Notre-Dame, vous êtes donc bien
la nuée légère qui vole à notre secours. Subtile et

et j'ai compris qu'un terrible procès se déroule en ce moment
au tribunal de la divine Majesté. J'ai vu d'un côté les démons
exposer devant Dieu les nombreux péchés commis par les
chrétiens et réclamer une juste application de sa justice ; de
l'autre côté, la sainte Vierge avec les anges s'efforcer de calmer la colère divine par l'offrande de tous les saints Rosaires
récités, en ce même moment, dans toute la chrétienté... Je ne
sais, ajouta-t-elle, quelle sera l'issue de ce redoutable procès,
car la balance de la divine justice est aussi prête à pencher du
côté de la rigueur que de la miséricorde. » Après avoir par
ces paroles satisfait au devoir de l'obéissance, elle retourna à
sa solitude et continua à faire monter vers le ciel ses fer-
ventes supplications. Tout à coup ses gémissements redoublè-
rent de véhémence : « C'est le moment décisif, s'écria-t-elle
avec les accents de la piété la plus suppliante, ô Jésus, faites-
nous miséricorde ; laissez-vous toucher par les prières de votre
mère, par la détresse de votre peuple ; ne nous laissez pas
périr ! » Pendant qu'elle se répandait ainsi en supplications,
elle exerçait sur son corps de saintes cruautés et arrosait le
plancher de ses larmes et de son sang. Aux échos de cette
voix suppliante qui fendait le cœur, tout le personnel du
palais était tombé à genoux pour faire violence au ciel. Quelques instants après, le plus profond silence succéda à ces cris
d'alarme. Qu'était-il arrivé ?... On s'approcha d'elle avec une
crainte mêlée d'effroi ; mais le calme, la joie et le bonheur qui
se dessinaient sur sa physionomie eurent bientôt dissipé toutes
les appréhensions. « Il ne nous reste plus, dit-elle, qu'à remercier la Sainte-Vierge qui, par sa puissante intercession, a
arrêté le courroux de son Fils prêt à livrer les chrétiens aux
mains des musulmans, et leur a obtenu le plus brillant triomphe. » Bientôt arrivèrent au palais les nouvelles dépêchées par
Don Juan lui-même, qui annonçaient les péripéties de la lutte
et le résultat définitif. On confronta les détails avec les révélations de la vénérable Catherine de Cordoue ; ils cadraient parfaitement avec elles. Le triomphe obtenu par la prière toute
puissante du saint Rosaire était évident.

discrète, votre protection s'entrelace aux événements, sans en troubler le cours. Vous ne les dérangez pas, vous les faites étinceler à votre chiffre. C'est bien le caractère des secours sous la nouvelle alliance. L'Ecriture semble vous désigner, ô Vierge, sous cette expression dite de la sagesse elle-même : *vapeur de la vertu de Dieu.* Comme une vapeur, vous passez à travers les événements : et, se courbant en serviteurs dociles, les événements s'arrangent de manière à vous obéir et à favoriser les chrétiens, vos nobles enfants.

V

Les Turcs, avons-nous dit plus haut, avaient essuyé à Lépante un échec dont ils ne devaient plus se relever. Néanmoins, semblable à une bête fauve qui se redresse dans un bond suprême après avoir été blessée à mort et retombe sur elle-même, la puissance ottomane, qui avait vu ses forces navales s'effondrer à Lépante, tente un suprême effort avec ses forces de terre : mais c'est en vain et la fête du Saint Nom de Marie sera la réponse de la nuée légère et secourable.

Deux cent mille Turcs pénétrant en Autriche se sont présentés sous les murs de Vienne. Le roi de Pologne, Jean Sobieski, va reproduire le drame libérateur de Lépante.

Le jour où se livre la bataille, Sobieski entend de grand matin la messe à laquelle assistent ses généraux, dans la chapelle de Saint-Léopold. Il y communie et tient ses bras étendus en croix pendant la plus grande partie du saint sacrifice. La messe achevée, il se lève en s'écriant : « Marchons à l'ennemi avec confiance, sous la protection du ciel et avec l'assistance de la Vierge ». Cette confiance ne fut pas vaine, les infidèles furent taillés en pièces et laissèrent sur le champ de bataille le grand étendard ottoman, symbole de la fortune de leur empire, qui, depuis ce jour, a été fini en Europe. C'est en souvenir de cette délivrance que fut instituée, ou du moins étendue à toute la chrétienté, par Innocent XI, la fête du Saint Nom de Marie, foulant réellement aux pieds le Croissant.

Un superbe usage s'était introduit en Pologne, la brillante victoire de Jean Sobieski le consacra: à la sainte messe, les soldats polonais sortent leurs épées au moment de l'Evangile, en signe de la défense de la Vierge.

Après avoir envisagé l'Auxiliatrice des chrétiens dans les dangers qui leur venaient du côté de l'Islam, on pourrait poursuivre l'étude de son secours dans les dangers particuliers qui menaçaient tantôt les patries, tantôt les familles, tantôt les individus. Cette étude exigerait des volumes. Il suffit de déclarer que la catholicité se couvrit d'une multitude de bannières aux chiffres de la Vierge, comme la mer se couvrait de flottilles blanches dans la guerre contre les Turcs.

La bannière devient le signe de la protection et
du secours de Marie. Variées dans leur but non
moins que dans leurs devises, elles se déploient généralement sur un fond blanc. Bannières de con-
fréries, bannières de congrégations, bannières de
pèlerinage, bannières nationales, elles publiaient
à tous les points de l'espace les bienfaits secourables de la Dame des nations. Leurs plis couvraient
l'Europe chrétienne ; étincelantes de broderies,
elles ressemblaient à un ciel brodé d'étoiles.

O divine Auxiliatrice dans les dangers, l'amour
et la reconnaissance levaient bien haut vos étendards.

CHAPITRE VII

Sixième bienfait de Notre-Dame :
Répartition aux Nations chrétiennes de faveurs spéciales
dans l'ordre surnaturel.

I. Complément des bienfaits de Marie à l'égard des nations chrétiennes par une répartition de faveurs spéciales : de grands saints en sont les intermédiaires. — II. La France reçoit avec ravissement, des lèvres de saint Bernard, le *Salve Regina* et le *Memorare* ; beauté et diffusion de ces chants d'espérance et d'amour. — III. La catholique Espagne reçoit l'institution du *Rosaire* par saint Dominique. Composition de cette guirlande de fleurs en rapport avec la Rose mystique qui est la Vierge Marie, et en rapport aussi avec un temps d'ignorance où peu de chrétiens savaient lire. Le Rosaire devient une sorte de catéchisme populaire. Bénédiction de la réussite à l'honneur de l'Espagne qui, par le Rosaire, vient au secours de la France. — IV. L'Italie, siège du Souverain Pontificat, reçoit la célèbre indulgence de la Portioncule dans l'église de Sainte-Marie-des-Anges, par l'entremise de saint François d'Assise. D'où venait le nom de Portioncule? Colloque de saint François avec Notre-Seigneur Jésus-Christ que sa très douce Mère accompagne : l'indulgence plénière de la Portioncule obtenue. Colloque du saint avec le Vicaire de Jésus-Christ : l'indulgence ratifiée. Rapprochement du succès du patriarche séraphique, pour sauver les pécheurs, de l'insuccès du patriarche Abraham pour sauver Sodome. Le grand pardon d'Assise étendu à tout l'univers. — V. L'Angleterre, île des saints, est récompensée par la réception du saint scapulaire. Sainteté précoce du jeune Simon Stock. Providentielle arrivée des carmes en Angleterre; Simon Stock d'abord leur disciple, devient leur général. Sa visite au saint Mont-Carmel et sa tendre dévotion envers la Mère de Dieu. Le saint scapulaire lui est remis par Marie en personne, consolantes promesses dont elle l'accompagne. — VI. Maternelle fierté de l'Eglise de Dieu dans la participation de ses chères nations aux faveurs surnaturelles.

I

L'éclat des bienfaits de Notre Dame à l'égard des Nations, déployé dans les chapitres qui précèdent peut se résumer ainsi : Marie élève les Nations, elle les gouverne, elle leur donne un grand air, elle est leur inspiratrice dans l'héroïsme, elle les secourt dans les dangers, elle les couvre d'honneur. L'éclat de ses bienfaits se complète par une répartition de faveurs spéciales aux différentes nations chrétiennes, répartition qui n'a pas été assez remarquée.

Elle attribue en partage :

A la France, fille ainée de l'Eglise les ineffables prières du *salve Regina* et du *Memorare* par saint Bernard ;

A la catholique Espagne, le Rosaire, par saint Dominique ;

A l'Italie, siège du Souverain Pontificat, l'Indulgence de la Portioncule par saint François d'Assise ;

A l'Angleterre, île des saints, le saint scapulaire par le général des Carmes, saint Simon Stock.

Examinons ces différentes répartitions, complément d'honneur pour chaque nation, et confluent de dons surnaturels pour toutes ensemble.

II

Parmi tous ceux qui ont aimé la Vierge Marie, il en est peu dont l'amour ait été aussi élevé et aussi tendre que celui de saint Bernard. Le ciel l'accorda à la France comme le chantre le plus pur et le plus enthousiaste de l'auguste Vierge. L'âme française palpitait en lui ; par ses lèvres, la fille aînée de l'Eglise a exhalé le chant du *Salve Regina*.

Le *Salve Regina* est le chant catholique par excellence. Cette prière rend si bien le cri de l'orphelin et de l'exilé à sa mère. C'est le chant de l'exil et des aspirations vers la patrie du ciel. L'invocation y est pressante comme la douleur, multipliée comme nos besoins, aux pieds de la grande consolatrice.

Salve Regina, Mater misericordiæ, vita, dulcedo et spes nostra, salve. Ad te clamamus exules filii Evæ : ad te suspiramus, gementes et flentes in hac lacrymarum valle. Eia ergo, Advocata nostra, illos tuos misericordes oculos ad nos converte ; et Jesum benedictum fructum ventris tui nobis post hoc exilium ostende : O clemens, o pia, o dulcis Virgo Maria !

Salut, Reine, Mère de miséricorde, notre vie, notre douceur, et notre espérance, salut ! Nous élevons nos cris vers vous, malheureux exilés et enfants d'Eve que nous sommes. Nous poussons nos soupirs vers vous avec pleurs et avec gémissements du fond de cette vallée de larmes. De grâce, ô notre Avocate, tournez vers nous ces yeux qui ne sont que miséricorde, et montrez-nous, à la sortie de cet exil, Jésus, le fruit béni de vos entrailles : ô clémente, ô bonne, ô douce Vierge Marie !

Certains attribuent à saint Bernard la composition entière de cette délicieuse antienne. D'autres veulent qu'Hermann Contract ait été l'auteur de la plus grande partie de la prière, sauf les sublimes

invocations de la fin qui seraient échappées du
cœur de saint Bernard dans une circonstance mémorable. Un jour qu'il était entré dans l'église
abbatiale de la ville de Spire pendant qu'on chantait cette antienne, tombant à genoux dans une
extase, il aurait ajouté au chœur des moines la
triple invocation finale : *O clemens, o pia, o dulcis
virgo Maria.* La chronique de Spire la montre gra-
vée en lettres profondes sur les dalles où il s'agenouilla. Que la participation de saint Bernard dans
l'éclosion du *Salve Regina* ait été intégrale ou par-
tielle, on ne saurait mieux terminer le débat qu'en
appliquant à ce chant d'espérance et d'amour l'é-
loge du vénérable Canisius : « Composé par des
saints, institué par des saints, proposé par des
saints, d'une grâce suave, d'un sens fécond, d'une
mystérieuse profondeur, le *Salve Regina* attendrit
le cœur, nourrit l'esprit, enflamme les intimes dispositions de l'âme pour le culte de la Mère de
Dieu. » — « Je n'oublierai jamais, dit un très
pieux auteur, l'impression que me fit éprouver à
la grande Trappe le chant du *Salve Regina.* Tout
ce qu'on m'en avait dit fut dépassé ; comme
pour ces grands spectacles de la nature, la mer et
les montagnes, qu'elle-même s'est réservé de faire
voir. A la tombée du jour, quand tout se replie
dans la nature et dans les cœurs, dans le religieux
silence de l'air l'appel de la cloche se fait entendre. Tous les travaux sont arrêtés. De tous les
champs, de tous les ateliers du monastère, les re-

ligieux, les convers, les familiers se rendent à la chapelle, se ramassent dans le milieu du chœur : et là, debout en face de l'autel, dans l'ombre sacrée du sanctuaire, ils entonnent cet immense *Salve* dont la première note indéfiniment croissante et suppliante semble s'étendre à toute la portée qui sépare la terre d'avec le ciel. Toutes les intonations de ce chant admirable, modulées par deux cents bouches qui en respirent les sentiments et qui ne s'ouvrent que pour le faire entendre, parcourent ensuite lentement tous les claviers de l'âme chrétienne, depuis cet *Et Jesum benedictum* dont la cavité profonde exprime tout l'abaissement, tout l'anéantissement du Fils de Dieu descendu sur la terre, jusqu'à cet *o clemens ! o pia ! o dulcis Virgo Maria !* qui monte frapper le ciel de ses ondes sonores, comme pour en arracher la miséricorde et la pité. Ainsi finit l'office comme il a commencé, par la louange et l'invocation de Marie ; ainsi finit le jour dans l'Eglise : c'est le dernier salut et comme le *Bonsoir* de la famille humaine repliée au sein de Dieu par Marie, pour s'y endormir sous sa maternelle protection [1] »

Outre le *Salve Regina*, on attribue également à saint Bernard le *Memorare*, bientôt traduit dans toutes les langues du monde et dont voici la traduction française :

[1] NICOLAS, *Marie dans l'Eglise*, t. I, p. 213.

« Souvenez-vous, ô très douce Vierge Marie, qu'on n'a jamais entendu dire qu'aucun de ceux qui ont eu recours à votre protection, imploré votre assistance et réclamé vos suffrages ait été abandonné. Animé d'une pareille confiance, ô Vierge des vierges, ô ma Mère, je cours vers vous, je viens à vous, et gémissant sous le poids de mes fautes, je me prosterne à vos pieds. Veuillez, ô Mère du Verbe, ne point mépriser mes prières, mais écoutez-les favorablement et daignez les exaucer ».

Combien cette prière est excellente, car elle renferme éminemment les deux conditions essentielles pour être exaucée, la confiance et l'humilité. Après avoir invoqué le témoignage de tous les siècles, le dévot saint Bernard rappelle à Marie que jamais en aucun temps, en aucun lieu, elle n'a abandonné aucun de ses serviteurs, quelque malheureux, quelque coupables qu'ils fussent. Toujours elle a écouté la prière des misérables, toujours elle a répondu au cri de ses enfants. Aussi, cette prière a-t-elle fait descendre du ciel mille fois plus de grâces qu'elle ne contient de lettres ; on l'a justement appelée la prière des miracles. Mille fois ce cri d'espérance : « *Souvenez-vous* » a ému le cœur de Marie, tant il est vrai que le ciel et la terre passeront avant que la Vierge clémente ne cesse de secourir celui qui implore sa protection et se confie en elle.

III

C'est le tour de la catholique Espagne.

Quelle grâce spéciale reçoit-elle dans le service de Notre-Dame? le Rosaire, par saint Dominique.

Dominique naquit à Calahorra en Espagne, de la famille des Gusmans. Sa mère, alors qu'elle le portait dans son sein, eut un songe. Il lui semblait qu'elle portait dans ses flancs un joli chien tenant dans sa gueule un flambeau, avec lequel il incendiait l'univers. Ce songe indiquait que Dominique brillerait par l'éclat de sa sainteté et de sa doctrine, et qu'il embraserait les peuples du feu de la charité chrétienne. L'événement vérifia le présage. Dominique opéra la sanctification des peuples, entre autres moyens, par le Rosaire de Marie.

Le nom de Rosaire vient probablement de ce que la sainte Vierge est appelée par l'Eglise Rose mystique, et que par cette prière, on effeuille en quelque sorte des roses à ses pieds. Suivant d'autres témoignages, le Rosaire aurait tiré son nom du bois de rose dont on faisait primitivement les grains qui le composaient. Le nom de chapelet serait venu de ce qu'anciennement les hommes et les femmes en ornaient leur coiffure et le portaient sur la tête comme un petit chapel. N'avons-nous pas raconté qu'à la bataille de Lépante les soldats chrétiens le portaient au cou comme signe de ralliement et gage de la victoire.

De quelle manière saint Dominique fut-il amené à composer le Rosaire? Il vivait à une époque d'ignorance, où peu de chrétiens savaient lire. Ce fut certainement une inspiration d'En-Haut qui lui fit instituer en leur faveur la méthode facile de suppléer les cent cinquante psaumes du Psautier par cent cinquante *Ave Maria*. Aussi, des Papes ont-ils appelé le Rosaire le Psautier de la Sainte Vierge.

Il divisa cette guirlande de fleurs, qu'il présentait à la Rose mystique, en quinze dizaines, lesquelles s'ouvrent toutes par un *Pater*. C'était un heureux assemblage des prières les plus augustes : l'Oraison dominicale, enseignée par Jésus-Christ lui-même, la Salutation angélique, composée des paroles de l'ange Gabriel, le salut de bénédiction d'Elisabeth quand la sainte Vierge la visita.

Dominique voulut encore que la belle doxologie du *Gloria Patri* terminât chaque dizaine, en l'honneur de la Trinité ; que le prélude de ce bouquet de prières fût le symbole des apôtres, suivi de trois *Ave* en faveur de trois vertus théologales, dont l'héroïsme fait les saints.

Il fonda enfin les quinze dizaines sur les principaux mystères :

Les cinq premiers : Mystères *joyeux*, l'Annonciation, la Visitation, la Nativité de Notre-Seigneur, sa Présentation au temple, sa Recouvrance parmi les docteurs.

Les cinq suivants : Mystères *douloureux;* l'Agonie de l'Homme-Dieu au jardin des Oliviers, sa Flagellation, le Couronnement d'épines, le Portement de la Croix, le Crucifiement.

Les cinq derniers : Mystères *glorieux*, la Résurrection de Notre-Seigneur, son Ascension, la Descente du Saint-Esprit, l'Assomption de la Sainte Vierge, son Couronnement dans le ciel.

De tout cet ensemble, il résulte que le Rosaire était introduit comme une petite somme théologique, comme un catéchisme à l'usage du peuple, réunissant le double caractère d'enseignement et de prière. N'est-ce pas un admirable secours de la douce Vierge à une époque d'ignorance où peu de chrétiens savaient lire?

La bénédiction de la réussite ne se fit pas attendre. Une charmante légende décrit cette bénédiction. Un ange apparut à saint Dominique et lui dit : « Serviteur de Dieu, le Seigneur bénira ton œuvre du Rosaire et je viens t'apprendre l'histoire et l'origine de cette rose dont tu empruntes le doux nom. Le sacrifice sanglant de la croix était accompli, la très sainte Vierge venait de recevoir dans ses bras le corps inanimé de son divin Fils, et comme elle le pressait sur son cœur maternel, on vint le lui demander pour l'ensevelir. « Oh ! attendez encore, dit-elle, laissez-moi contempler mon bien-aimé et détacher de son front meurtri cette couronne d'épines que je veux emporter et garder toujours. » Et d'une main délicate, écartant doucement la chevelure ensanglantée de Jésus, elle en détachait ce douloureux diadème. Au moment de retirer la dernière épine, plus profondément enfoncée que les autres, la Mère de Jésus sentit sa force l'abandonner par l'excès de sa douleur, lorsque soudain, tout près de l'épine, elle vit éclore une petite rose. A cette vue, le courage et l'espérance surmontèrent la souffrance : « Sois bénie, dit-elle, rose chérie, teinte du sang de mon Fils, et repose sur mon cœur comme un gage d'amour et de confiance. »

Félicite-toi, o catholique Espagne, la Vierge t'a transmis, par l'institution du Rosaire et par les mains de saint Dominique, sa petite rose du Calvaire.

Mais une explication est encore nécessaire sur les événements historiques qui donnèrent naissance à la dévotion du Rosaire. La plume du Père Lacordaire se substituera ici avantageusement à la nôtre.

« Saint Dominique avait prêché longtemps, dans le midi de la France, contre l'erreur des Albigeois. Comme il désespérait du succès de ses efforts, il eut recours à la Très Sainte Vierge, et résolut de la prier sans interruption jusqu'à ce qu'il fût exaucé. Il partit donc de Toulouse, se retira dans une forêt solitaire, et y passa trois jours et trois nuits de suite en prière. Au bout de ce temps, la Mère de Dieu lui apparut, dans une extase, entourée de gloire et de magnificence. Elle était escortée de trois reines, et chacune d'elles entourée de cin-

quante vierges comme pour la servir. La première
reine ainsi que ses compagnes, était revêtue d'un
costume blanc, la seconde avait des vêtements de
couleur rouge, et la troisième portait un habit tissé
de l'or le plus éclatant.

La très sainte Vierge expliqua à saint Dominique la signification de ces symboles : « Ces trois
reines, lui dit-elle, représentent les *trois chapelets ;*
les cinquante vierges qui forment le cortège de
chaque reine, figurent les cinquante *Ave Maria* de
chaque chapelet ; enfin, la couleur blanche rappelle
les mystères *joyeux ;* la couleur rouge les mystères
douloureux, et la couleur d'or, les mystères *glorieux.*
Les mystères de l'incarnation, de la naissance, de
la vie, de la passion de mon divin Fils, ainsi que
ceux de sa résurrection et de sa glorification, sont
enfermés et comme artistement enchâssés dans la
Salutation angélique et dans l'*Oraison dominicale.*
Voilà justement le Rosaire, c'est-à-dire la couronne
dans laquelle je placerai toute ma joie. Répands
cette prière partout, et les hérétiques se converti-
ront, et les fidèles persévéreront et arriveront à
la béatitude éternelle. »

Consolé par cette apparition, saint Dominique
retourna promptement à Toulouse et se rendit à
l'église. « Alors, raconte une pieuse légende, les
cloches se mirent à sonner d'elles-mêmes. Les habitants étonnés d'entendre sonner à une heure si
peu ordinaire, accoururent en foule au temple du
Seigneur. Saint Dominique monta en chaire ; et,

après avoir parlé, avec une énergique éloquence, de la justice de Dieu et de la rigueur de ses jugements, il déclara que, pour éviter ces rigueurs, il n'y avait pas de moyen plus sûr que d'implorer la Mère de Miséricorde[1]. »

Il donna aussitôt une explication du *Rosaire*, et se mit à le dire à haute voix. D'après un historien, les Toulousains ne se rendent pas encore. Alors éclate un orage extraordinaire : les éclairs et les coups de tonnerre se succèdent presque sans interruption, au point que la terre tremble, à la grande épouvante des obstinés. La statue de la sainte Vierge elle-même lève un bras menaçant. Le peuple tombe à genoux, implore la Mère de Dieu, abjure ses erreurs et s'enrôle en foule dans la confrérie du Rosaire. Plus de cent mille hérétiques, subjugués par la nouvelle et céleste dévotion, revinrent en peu de temps à la vraie foi. « Les murs de Jéricho, dit un écrivain célèbre, ne tombèrent pas plus vite au son de la trompette des soldats de Josué, que les funestes erreurs des Albigeois, à la prédication de saint Dominique. »

IV

L'Italie, siège du Souverain Pontificat, ne sera pas moins favorisée que la catholique Espagne. L'indulgence de la Portioncule lui est attribuée en par-

____

[1] *Vie de saint Dominique.*

tage dans l'église de Sainte-Marie-des-Anges par l'intermédiaire de saint François d'Assise.

Il y a une liaison délicieuse entre saint François d'Assise et saint Dominique. Tandis que les enfants de saint Dominique élevaient la voix et enlevaient à l'hérésie le monopole de l'éloquence, saint François d'Assise se fiançait avec Madame la Pauvreté et créait dans l'Europe étonnée des légions de pauvres volontaires. Sur tous les chemins, on voyait la robe blanche du frère prêcheur et la robe grise du frère mineur ; et c'était à qui parmi eux vous aimerait le plus, ô Vierge sainte. A l'heure même où saint Dominique cueillait pour vous ce bouquet de roses fraîches et embaumées qu'il léguait au monde chrétien dans l'institution du Rosaire, saint François d'Assise venait doter la chrétienté de la précieuse indulgence de la Portioncule dans votre église de Sainte Marie-des-Anges.

Sous le beau ciel de l'Ombrie, au pied de la colline qui porte la cité d'Assise, au jour où vivait sur la terre saint François, le *séraphin du Seigneur*, il y avait une petite et antique chapelle bâtie, disait-on, par les pèlerins venus d'Orient. La tradition raconte que souvent on avait vu les esprits célestes autour de ces murs prédestinés et que, pour cette cause, on appela l'humble oratoire : Sainte-Marie-des-Anges. Il portait encore le nom de la *Portioncule*, parce que le champ où il était bâti n'occupait qu'une étroite portion du domaine des bénédictins au mont Subiaco, près d'Assise.

François, en prière dans cette petite église, y était favorisé de visions et de faveurs si douces qu'il s'écria un jour : « C'est ici, en effet, la demeure des Anges et l'un des temples que Marie affectionne ». Il eut bientôt dans sa vie de renoncement, des compagnons qui s'attachèrent à lui. Il en comptait douze, que cette communauté naissante n'avait encore pour logis qu'une petite cabane. Le saint fut donc bien heureux, lorsque les bénédictins lui donnèrent la chapelle qu'il aimait et la maison qui y était attachée. Le bon religieux qui l'habitait la lui céda en l'embrassant. — Amenez-y vos frères, lui dit-il, et faites apporter leur mobilier. Comme ils n'avaient rien, la chose fut bientôt faite. Ainsi naquit l'ordre de Saint-François.

Mais le Tout-Puissant qui se complaît dans les extrêmes, allait attacher à ce petit sanctuaire de la Portioncule une grâce mondiale.

Un jour que François épanchait là son âme pour la conversion des pécheurs dont le malheur l'attristait profondément, Notre-Seigneur Jésus-Christ et sa très sainte Mère lui apparurent accompagnés d'une multitude d'esprits célestes. Le Sauveur lui dit : « François, vous et vos frères avez un grand zèle pour le salut des âmes ; en vérité, vous avez été placé dans le monde comme un flambeau et comme le soutien de l'Eglise ; demandez donc ce que vous voudrez pour ma gloire, pour le bien et la consolation des peuples. »

Ravi en extase au spectacle de tant de merveilles,

François d'Assise lui adressa cette fervente prière :
« Père très saint, bien que je ne sois qu'un misérable pécheur, je vous supplie d'accorder miséricordieusement, à tous ceux qui visiteront cette église, une indulgence plénière de tous leurs péchés ; et je prie la bienheureuse Vierge, votre Mère, l'avocate du genre humain, d'intercéder pour me la faire obtenir. » La très douce Vierge Marie inclina son cœur vers son fils bien aimé, et il se passa dans le paradis tout un mystère d'amour. Jésus dit à François : « Ce que vous me demandez est grand. Je vous l'accorde, mais je veux que vous alliez trouver mon vicaire, à qui j'ai donné le pouvoir de lier et de délier, et que vous lui demandiez cette même indulgence. » François partit aussitôt pour Pérouse, où se trouvait alors le Pape Honorius.

Admis auprès du Souverain Pontife, le serviteur de Dieu lui exposa en ces termes l'ordre qu'il avait reçu : « Très Saint Père, il y a quelques années, je réparai une petite église voisine d'Assise, et je viens de la part de Notre-Seigneur Jésus-Christ vous supplier d'y accorder une indulgence qui soit gratuite, affranchie de toute offrande ». Le Pape répondit : « Pour combien d'années me demandez-vous cette indulgence ? » Très Saint-Père, répliqua François, qu'il plaise à Votre Sainteté de me donner non pas tant des années que des âmes. — « Et en quelle manière voulez-vous des âmes ? » interrogea le Pape. — « Je souhaite, poursuivit François, que sous le bon plaisir de Votre Sainteté, ceux qui entreront dans l'église de Notre-Dame-des-Anges, contrits, confessés et absous par un prêtre, reçoivent une entière rémission de leurs péchés pour ce monde et pour l'autre. » Le Pape lui dit alors : « François, vous demandez quelque chose de grand ; la cour romaine n'est point dans l'usage d'accorder une pareille indulgence ». — « Très Saint-Père, repartit François, je ne vous la demande pas de moi-même ; c'est Jésus-Christ qui m'a envoyé ; je viens de sa part. » Sur quoi le Pape dit publiquement par trois fois : « Je veux bien que vous l'ayez. » Cette concession du Pape déplut aux cardinaux ; ils objectèrent que cette indulgence, qu'il était si facile de gagner, nuirait certainement aux pèlerinages des fidèles d'au-delà des monts à Rome et aux croisades, par lesquelles seules, jusqu'alors, on avait pu gagner une indulgence plénière. Le Pape ne revint pas sur la faveur qu'il avait accordée, malgré ces observations ; toutefois il restreignit la grâce extraordinaire qu'il avait concédée en ajoutant que cette indulgence serait, en effet, plénière, mais qu'elle ne pourrait être gagnée qu'un seul jour de l'année, c'est-à-dire des vêpres du 1er août jusqu'aux vêpres du 2. A ces mots, saint François inclina humblement la tête et voulut s'éloigner ; mais le Pape le retint en lui disant : « Homme simple, où vas-tu et quelle garantie as-tu de ce que je viens d'accorder? » François répliqua : « Votre parole, saint Père, me suffit : si cette indulgence est une œuvre de Dieu, il saura la promulguer lui-même. Que Jésus-Christ soit le notaire, que la sainte Vierge rédige l'acte, que les anges en soient les témoins; je ne demande pas d'autres documents. »

Cette scène, délicieuse de naïve insistance de la part du Patriarche séraphique auprès de Jésus-Christ et de son Vicaire, ne rappelle-t-elle pas une scène du même genre dont le patriarche Abraham fut l'auteur. La Sainte Ecriture la rapporte ainsi :

Abraham voulant sauver Sodome de l'embrasement s'approcha du Seigneur et lui dit : « S'il y a cinquante justes dans cette ville, périront-ils avec tous les autres? Et ne pardonnerez-vous pas plutôt à la ville à cause de cinquante justes. Non, vous ne confondrez point les bons avec les méchants, cette conduite ne vous convient en aucune sorte. » — Le Seigneur lui répondit : « Si je trouve dans tout Sodome cinquante justes, je pardonnerai à cause d'eux à toute la ville. » — Abraham dit ensuite : « Puisque j'ai commencé, je parlerai encore à mon Seigneur, quoique je ne sois que poudre et que cendre : s'il s'en fallait de cinq qu'il n'y eût cinquante justes perdriez-vous toute la ville, parce qu'il n'y en aurait que quarante-cinq? » Le Seigneur lui dit : « Je ne perdrai point la ville, s'il s'y trouve quarante-cinq justes. » Abraham lui dit encore : « Mais s'il y a quarante justes, que ferez-vous? » — « Je ne détruirai point la ville, si j'y trouve quarante justes. » — « Je vous prie, Seigneur, dit Abraham, de ne pas trouver mauvais si je parle encore : « Si vous trouvez dans cette ville trente justes, que ferez-vous? » — « Si j'en trouve trente, dit le Seigneur, je ne la perdrai point. » — « Puisque j'ai commencé, reprit Abraham, je parlerai à mon Seigneur : Et si vous en trouviez vingt? »— Dieu lui dit : « Je ne la perdrai point non plus, s'il y en a vingt. » — « Seigneur, ajouta Abraham, ne vous fâchez pas, je vous en supplie, si je parle encore une fois : Et si vous trouvez dix justes dans cette ville? » — « Je ne la perdrai point, dit le Seigneur, s'il y a dix justes [1]. » Sodome ne fut point sauvée. Il manquait entre Abraham et le Seigneur un intermédiaire de salut que la Loi d'amour devait introduire plus tard, il manquait l'appui de la douce Vierge Marie, de cette Vierge sans tache, si bien nommée le miroir de toute justice, *speculum justitiæ*. Elle eût suppléé au manque des dix justes dans la cité coupable. Bien plus heureux avez-vous été, ô patriarche d'Assise, quand l'auguste Vierge, souriant à son divin Fils, obtint de lui l'indulgence plénière, à des conditions bien faciles pour les pécheurs non seulement de la contrée d'Assise, mais de tout l'univers.

En effet, les Souverains Pontifes, considérant que beaucoup de fidèles du monde catholique ne peuvent faire le voyage de la chapelle de Portioncule, étendirent sous le nom de grand pardon d'Assise la précieuse indulgence à toutes les églises

---

[1] *Genèse*, chap. XVIII.

et chapelles de l'ordre franciscain. Ils permirent de la gagner, des vêpres du 1er août jusqu'au coucher du soleil du lendemain.

O belle Italie, à la faveur de l'indulgence plénière dont tu fus le point de départ, un fleuve de grâces et de bénédictions divine se répand, chaque année, sur la terre et dans le Purgatoire.

V

A ton tour, noble Angleterre, île des saints, reçois la récompense de ta sainteté : la Vierge elle-même te l'apporte en confiant à un de tes fils le saint scapulaire.

Un enfant d'honnête famille du comté de Kent, en Angleterre, faisait à la fin du xiie siècle, la joie de ses parents, tant ses dispositions annonçaient un homme qui ne serait pas vulgaire. Il s'appelait Simon. Dès qu'il comprit qu'il avait pour patron le saint apôtre de Notre-Seigneur que l'Evangile appelle Simon le Zélé, comme si la grâce l'eût appelé dès lors, il se sentit dominé du désir ardent de se consacrer à Dieu. Il vécut donc saintement. Tout d'abord sa famille le laissa faire ; mais lorsqu'il eut atteint sa douzième année, on chercha à le distraire de ses pieuses préoccupations pour l'attacher désormais aux choses et aux habitudes de ce monde. Ne pouvant supporter cette contrainte, il résolut de se retirer dans quelque solitude. Il s'enfuit donc dès sa treizième année et se réfugia dans une forêt peu fréquentée, mais où il avait reconnu qu'il pouvait se nourrir de plantes et de fruits sauvages. Ayant découvert l'énorme tronc d'un vieux chêne, qui, creusé par le temps, lui offrait une cellule suffisante, il vécut là plusieurs années, heureux de se sentir continuellement en présence de Dieu.

Au commencement du xiiie siècle, plusieurs religieux de l'ordre des Carmes, protégés par des seigneurs anglais qui revenaient de la croisade, s'établirent dans le voisinage du jeune solitaire qui avait alors vingt ans. Le bruit de leur arrivée étant venu à ses oreilles, il alla admirer leur vie sainte et surtout leur tendre dévotion pour la sainte Vierge ; il se mit aussitôt sous leur discipline et fit ses études avec un grand éclat. L'auréole de la sainteté accompagnait sur son front l'éclat de sa science. Aussi, quand il fut parvenu à l'âge de maturité, le choix de ses frères le porta à la tête de l'Ordre des Carmes. O catholique Angleterre, île des saints, c'est auprès de toi, sous l'influence de tes austères traditions que Simon Stock a été préparé, façonné, à la douce et superbe mission que le ciel lui réservait : tu as été son éducatrice, et maintenant voici que, de tes mains, il passe en celles de l'auguste Mère de Dieu qui l'attend au saint Mont-Carmel.

Ministre général des Carmes et des Carmélites, Simon Stock était venu visiter la célèbre montagne, théâtre du zèle du prophète Élie, et où la divine Vierge avait, de son vivant, encouragé avec une complaisance de sœur et de mère le développement de l'Ordre des Carmes. Simon Stock avait pour elle la piété la plus vive ; il la suppliait souvent de lui faire connaître comment il pourrait la faire honorer davantage, il lui disait ces douces paroles : « Fleur du Carmel ! Vierge mère ! vigne toujours fleurie, splendeur du ciel, étoile de la mer ! étendez vos faveurs sur les Carmélites. »

Or, un jour, le 16 juillet 1251, la sainte Vierge parut devant lui éclatante de splendeur et entourée d'une légion d'esprits célestes. Elle tenait à la main un scapulaire. « Reçois, mon fils, ce signe de salut que j'accorde à l'Ordre des Carmes et à tous ceux qui s'attacheront au Carmel. Il sera une sauvegarde dans tous les dangers. Quiconque mourra dans ce saint habit n'endurera jamais les supplices éternels. Quiconque l'aura porté dignement, je descendrai au Purgatoire, le samedi après sa mort pour l'en délivrer et lui ouvrir le ciel. » Dès ici-bas, les effets produits par ce saint habit ne tardèrent point à exciter l'admiration générale : que d'incendies éteints, de naufrages évités, de balles aplaties, d'épées brisées, de malades guéris, de morts même ressuscités par la vertu du saint scapulaire. Aussi les rois et leurs sujets affluèrent-ils au monastère des Carmes ; presque tous les monarques de l'Europe se firent gloire de porter la livrée de la Sainte Mère de Dieu. Et vingt-cinq Papes se succédant sur la chaire de saint Pierre, ont recommandé cette précieuse dévotion.

VI

C'est ainsi que dans la personne de l'Anglais saint Simon Stock, l'île des saints fut récompensée de son antique fidélité à l'Eglise de Dieu. Ah ! sans doute, l'Angleterre, pas plus que les autres nations chrétiennes, n'était point la dispensatrice en premier des faveurs surnaturelles énumérées : ce rôle appartenait à l'Eglise de Dieu. Mais de même qu'une mère de famille se complaît à produire avantageusement en public des filles bien douées et qui ont fini leur éducation, ainsi l'Eglise de Dieu était fière de s'associer la France sa fille aînée, la catholique Espagne, l'Italie, siège du souverain pontificat, l'Angleterre, île des saints, pour présenter aux âmes pieuses du monde entier les prières du *Salve Regina* et du *Memorare*, le Rosaire, l'indulgence de la Portioncule, le scapulaire. Jamais le célèbre verset biblique ne trouva plus entière application qu'à cette époque : *J'ai étendu mes branches comme le térébinthe et mes branches sont des branches d'honneur et de grâce ;* le superbe térébinthe était l'Eglise de Dieu, et des nations tendrement aimées formaient ses branches d'honneur et de grâce.

DEUXIÈME SECTION

Son éclat dans les honneurs qu'elle reçoit.

CHAPITRE PREMIER

Cathédrales et cérémonies en l'honneur de la Vierge qui les inspire.

I. L'amour est l'architecte des cathédrales construites à
la louange de Marie : nulle grande dame n'a logis plus
superbe. La Vierge apparaît au portail comme propriétaire et comme inspiratrice. — II. Fleurissement
des portails : la Vierge cède le grand portail à l'image
de son divin Fils et se retire aux portails latéraux.
Ordonnance de l'intérieur : la cathédrale gothique représente la croix du Christ ; la nature tout entière
semble s'y donner rendez-vous pour en former l'ornementation. Désintéressement des architectes de ces
superbes édifices. Foi vive des populations qui s'as-
socient à leur construction. Là encore, Marie est inspiratrice par les miracles de sa bonté. Naïves chroniques. — III. Culte et cérémonie dans les cathédrales,
à la louange de Marie. Symbolisme de ce culte et de
ces cérémonies : le symbolisme est un langage de Dieu
à l'homme, et de l'homme à Dieu. Choses charmantes
que le symbolisme religieux exprimait à Marie. — IV.
La Vierge favorise dans l'intérieur des cathédrales
l'union de l'âme avec Jésus : en la revêtant d'une exquise pureté, en lui communiquant son titre de Dame,
en lui inspirant l'union la plus intime avec le Christ
son *Désiré* et son *Bien-Aimé.* — V. Conclusion. Les cathédrales rappellent aux fidèles : que le sein de la
Vierge a été comme un chantier ineffable où le Fils
de Dieu fait homme a édifié une sublime Eglise dont
il est la pierre angulaire ; et que les chrétiens entrent
dans la construction comme des pierres vivantes, et
s'y coordonnent par la divine Eucharistie. Les cathédrales disparaîtront-elles à la fin du monde ?

*8

I

L'architecture est l'œuvre par excellence du moyen âge. Aussi bien, l'architecture est l'attestation de toutes les époques religieuses. C'est par elle que se manifeste le plus clairement la physionomie des sociétés et leurs opinions sur les choses divines ; chez tous les peuples le temple est comme un abrégé des idées religieuses, et chacun le construit en rapport avec la vivacité ou l'altération de ses croyances. Or, au moyen âge, l'amour a été l'architecte : les nations chrétiennes lui ont demandé d'attester leur reconnaissance envers leur belle Dame et auguste Reine.

En effet, c'est un besoin du cœur de chercher à éterniser son amour et de dédier à l'objet aimé ce qui semble devoir durer le plus ici-bas. Éprises de leur Dame, de leur divine amie, de leur patronne, voici que les nations s'adressent à la pierre, la travaillent, la sculptent, l'idéalisent, et couvrant l'Europe de majestueux édifices qui défieront les siècles, les appellent partout *Notre-Dame*. Chaque cathédrale est un manoir de Marie. Chacune exprime l'infini, le mystère, la grâce, la jeunesse, la pureté, tout ce qu'était elle-même la Vierge chef-d'œuvre de Dieu. Leur construction intérieure offre quelque chose de la forêt qui entoure la demeure seigneuriale, avec leurs voûtes ciselées en feuillages, la fraîcheur de leurs nefs, le silence de

leurs chapelles retirées, et les jeux des rayons de
soleil dans leurs vitraux. Ici habite Notre Dame,
pensaient avec satisfaction et amour les populations pieuses, nous l'avons bien logée, nulle dame
n'a plus beau manoir... Aux quatre points cardinaux de l'Europe, c'était la même rivalité charmante. Chaque royaume, chaque province, chaque
localité célèbre se flattait d'avoir fourni la plus
belle, la plus originale habitation à celle qu'admire
le ciel et la terre ; et Marie appartenant à tout le
monde et à chaque lieu s'appela Notre-Dame de
Paris, Notre-Dame de Reims, Notre-Dame de
Chartres, Notre-Dame d'Amiens, Notre-Dame-des-
Prés, Notre-Dame de Roc-Amadour, Notre-Dame
del Pilar à Saragosse, Notre-Dame d'Antocha à
Madrid, Notre-Dame du Port à Clermont, Notre-
Dame des Dons à Avignon. Jamais souveraine
n'eut pareil nombre de résidences royales.

Quel était le style de ces superbes cathédrales?
le style gothique. « Les églises romanes, dit un
pieux auteur, avaient paru trop petites et trop
basses à nos pères, qui voulaient faire grand et
faire haut, et ils avaient dès le xie siècle inventé ce
style gothique qu'aucune intelligence élevée ne
pourra jamais se défendre d'aimer. »

Une particularité charmante, ô Marie, frappe
tout d'abord l'œil de l'admirateur : c'est votre
image qui se dresse radieuse devant leurs portails.
Vous êtes figurée par les sculpteurs debout, légè-
rement penchée à droite, votre enfant divin dans

les bras, une fleur à la main et la couronne en tête, sous un voile gracieux qui retombe sur vos épaules. Rien n'égale la suavité naïve de votre sourire, si ce n'est la fermeté avec laquelle on vous voit souvent marcher sur la tête du serpent infernal.

La Vierge Marie apparaissait sur le portail non seulement comme propriétaire, mais aussi comme inspiratrice de cette architecture gothique. Aussi est-ce elle-même qui va nous donner la véritable explication des chefs-d'œuvre dressés à sa louange.

II

Arrêtons-nous encore aux portails.

Leur achèvement se complète à mesure qu'on approche les XIIIe et XIVe siècles. Pour laisser le grand portail à l'image de son divin Fils, la Vierge se retire aux portails latéraux. Au grand portail Jésus-Christ, vainqueur de la mort, apparaît sur les nuées avec une grande puissance et une grande majesté, séparant d'un côté les élus, dans sa miséricorde, de l'autre les réprouvés, dans sa justice ; il représente, dans la scène la plus terrible, la redoutable puissance de Dieu qui attend au fond du sanctuaire les pécheurs à la pénitence et les justes à une plus grande perfection. Dans une autre scène, le Christ, entouré de ses apôtres, semble inviter le monde à venir écouter dans son temple la parole de vie et de salut.

Mais aux portails latéraux où la Vierge Marie

vient occuper une place plus modeste, le symbolisme n'est pas moins instructif. La Vierge a pour cortège les patriarches dont elle fut l'espérance, les rois d'Israël dont elle fut la fille, les justes et les prophètes de l'ancienne Loi dont elle inspira la vie et les oracles. Couronnée par les anges dont elle est la reine, saluée par les confesseurs, les martyrs et les vierges dont elle est la mère, elle semble ouvrir la porte du salut aux hommes et les attirer vers le divin Fils qu'elle tient dans ses bras, *Janua cæli !*

Entrons maintenant dans l'intérieur du temple : Son ordonnance répond à la magnificence qui l'entoure extérieurement. La cathédrale gothique est la représentation en pierres de la croix sur laquelle Jésus est mort. Presque toujours l'abside incline visiblement sur la gauche comme pour imiter l'inclination suprême du Verbe mourant sur la croix. Les piliers de la nef principale sont au nombre de douze, pour figurer les douze apôtres qui vont porter la bonne nouvelle de l'évangile aux extrémités de la terrre. — La nature tout entière s'est donné rendez-vous pour orner la demeure de que l'Homme-Dieu s'est choisie au milieu des hommes. Les chapiteaux historiés offrent au roi vainqueur de la mort une exubérante végétation de fleurs et de fruits. Dominant l'ensemble de ce magnifique tableau, les verrières, resplendissantes de l'histoire des saints, projettent leurs couleurs vives et variées sur les dalles du sanctuaire et illuminent l'humble prière du fidèle, en y mêlant un rayon comme échappé à la gloire du ciel. Enfin, toute cette nature muette, toutes ces histoires enluminées empruntent une voix puissante et mystérieuse à l'orgue, le roi des instruments religieux, qui fait retentir de ses mélodies célestes les voûtes ogivales, les berceaux de pierre, les dômes sculptés qui s'élancent au-dessus de nos têtes.

Ce n'étaient pas des artistes vulgaires que ceux qui élevaient ces édifices majestueux, dont les lignes régulières, les colonnes sveltes, les forêts de piliers, les mille détails des arceaux, des culs-de-lampe, des chapiteaux, forment un ensemble merveilleux. Cependant, leurs noms pour la plupart nous sont restés inconnus : c'est que leur génie avait la foi pour guide. Satisfaits d'avoir achevé leur œuvre, ils se contentaient ordinairement de demander à être enterrés sous le portail de leur cathédrale, et sur leur tombe qui n'a pas toujours résisté au temps, ils prenaient le titre modeste d'*entailleur de pierres*.

Cette foi vive n'était pas seulement à l'honneur de tel ou tel architecte; des foules entières s'y associaient, et Marie en était encore l'inspiratrice par les miracles de sa bonté. On ignore généralement comment la foi vive de ces foules opérait et quels sacrifices elle savait s'imposer. Des chroniqueurs contemporains en ont laissé de naïfs et touchants récits. Il s'agit d'abord de la cathédrale de Chartres, le plus ancien des sanctuaires de Marie. « Vers le milieu du douzième siècle, le chantier était en pleine activité. On vit pour la première fois les fidèles s'atteler à des chariots remplis de pierres, de bois, de grains et de tout ce qui pouvait servir aux travaux de la cathédrale, dont les tours s'élevaient alors *comme par enchantement*. Jamais on ne reverra pareil prodige. L'enthousiasme gagna, pour ainsi dire, toute la France. Partout on s'humiliait, partout on faisait pénitence, partout on pardonnait à ses ennemis. De tous côtés on voyait des hommes et des femmes traîner de lourds fardeaux à travers des marais fangeux, et célébrer par des chants de triomphe les miracles que Dieu accomplissait sous leurs yeux[1] ». Un autre chroniqueur ajoute : « L'église de Chartres fut le premier édifice à la construction duquel on vit s'associer des pèlerins accourus de tous côtés. Cet usage ne tarda pas à s'introduire en Normandie et en d'autres provinces. Il n'y eut bientôt pas de sanctuaire dédié à la Sainte Vierge qui ne devînt le but de pareils pèlerinages. Les moines de Saint-Pierre-sur-Dive, pour édifier leur église, firent solennellement bénir des chariots construits à l'imitation de ceux de Chartres, assurés que la foi enfanterait chez eux les mêmes prodiges. Leur confiance ne fut pas trompée. De toute part on ré-

---

[1] *Robert du Mont*, Bibliothèque de l'Ecole des Chartes, huitième série, t. I.

pondit à leur appel. Chacun était jaloux d'aller rendre hommage à la Vierge. Les femmes comme les hommes, les riches comme les pauvres, les puissants comme les faibles, tous s'attelaient aux chars sur lesquels on portait à Saint-Pierre-sur-Dive la chaux, la pierre, le bois et les vivres destinés aux ouvriers. Les populations s'ébranlaient en masse ; chaque paroisse se mettait en route avec ses vieillards et ses enfants ; on emmenait même les malades, dans l'espérance de leur faire miraculeusement recouvrer la santé. Les bannières ouvraient la marche ; des trompettes donnaient le signal des manœuvres. Les fardeaux étaient énormes. Parfois il fallait les efforts d'un millier de pèlerins pour imprimer le mouvement à un seul char. Le convoi s'avançait au milieu d'un religieux silence. Dans les haltes on n'entendait que les confessions et les prières des pénitents. A la voix des prêtres, les haines s'apaisaient et la bonne harmonie renaissait dans les cœurs. Si un pécheur obstiné refusait de pardonner à ses ennemis, on le chassait ignominieusement après avoir jeté à terre l'offrande qu'il avait mise sur le char.

Arrivés au terme du voyage, les pèlerins rangeaient les voitures autour de l'église et formaient une sorte de camp dans lequel ils passaient la nuit en prières. Ils illuminaient leurs chars et faisaient retentir au loin le chant des psaumes et des cantiques. Ils demandaient à la Vierge avec une aveugle confiance la guérison de leurs malades. Si leurs vœux tardaient à être exaucés, ils se soumettaient à de rudes pénitences et se traînaient en gémissant au pied des autels. D'ordinaire, aux gémissements et aux supplications succédaient des cris d'allégresse. C'est que la Vierge s'était laissé fléchir. Des miracles venaient de s'accomplir. Un malheureux infirme qu'on avait amené sur un char s'était tout à coup senti guéri. Plein de vigueur, il courait dans l'église remercier sa bienfaitrice. De toute part on criait au miracle ; de longues files de pèlerins se rendaient processionnellement à l'autel, baisaient la terre, mettaient les cloches en branle et entonnaient des chants de triomphe[1] ».

Telles furent les manifestations de foi vive et les scènes d'enthousiasme auxquelles la construction des églises donna naissance dans le cours des douzième et treizième siècles, non seulement sur le sol de France mais sur différents points de la chrétienté. Aussi, aux noms des cathédrales énumérées plus haut, devons-nous ajouter ceux des cathédrales de Burgos et de Tolède en Espagne ; de Westminster, de la nef de Durham, du chœur d'Ely en Angleterre ; des cathédrales de Salisbury et d'York, également dans l'île des saints ; de l'église de Sainte-Gudule en Belgique ; des cathédrales de Cologne, de Trèves, de Fribourg en Allemagne ; de la cathédrale de Saint-Olaüs à Drontheim en Danemark. En tous ces royaumes, la foi faisait mieux

---

[1] Haimon, abbé de Saint-Pierre-sur-Dive, annales de l'Abbaye.

que de transporter des montagnes, elle bâtissait d'impérissables monuments avec des fatigues incalculables, mais avec la récompense de la souriante intervention de la Vierge. Cet entrain de foi vive et de miracles n'était-il pas un lointain prélude aux merveilles de la grotte de Lourdes, avec cette différence que les miracles de la bonté de Marie seront circonscrits sur le coin de terre de Massabielle, tandis que, dans les beaux siècles du moyen âge, ils éclatent autour de toutes les cathédrales de France et même de la chrétienté.

III

Si les cathédrales du moyen âge apparaissent, dans leur construction et leur ordonnance, comme de merveilleux monuments de la dévotion à Marie, que dire maintenant du culte et des cérémonies qui s'y développaient à la louange de la Reine du ciel et de la terre.

Ce culte y atteignait la cime du beau, de l'idéal dans ces augustes cérémonies. Aussi bien, dès sa manifestation dans le monde, le culte catholique s'est montré beau comme le pur antique, simple et grave, majestueux et doux. Ce sont les cérémonies qui ont fourni à l'homme, surtout au chrétien, le moyen le plus efficace de témoigner à Dieu et à la Vierge son admiration et sa reconnaissance. En effet, le symbolisme qui fait le fond et la poésie des cérémonies religieuses, constitue un langage par lequel on répond au langage de Dieu. « Après tout qu'est-ce que la création, si ce n'est un langage magnifique qui nous entretient nuit et jour? Les cieux racontent leur auteur ; les êtres créés ne parlent pas seulement de celui qui les a faits, mais ils nous entretiennent les uns des autres, et les plus petits, les plus obscurs, nous font l'histoire des plus lumineux et des plus éclatants. Cet oiseau de passage qui revient, qu'est-ce, sinon le signe du printemps qu'il ramène avec lui et des astres qui ont marché des mois entiers? Et ce chétif roseau qui jette son ombre sur le sable, ne sert-il pas à marquer l'élévation du soleil sur l'horizon? C'est ainsi que tous les êtres se rendent témoignage, se provoquent, s'interpellent d'un bout à l'autre de l'immensité, et ce sont ces continuels rapprochements, ces innombrables symboles, ces harmonies, qui font la poésie du monde que nous habitons. Ainsi Dieu parle par des signes, et l'homme, à son tour, quand il parle à Dieu, épuise toute la série des signes dont son intelligence dispose. Voilà pourquoi, c'est peu de la prière, il lui faut le chant, il lui faut les cérémonies sacrées [1]. » Or, que de choses charmantes le symbolisme n'a-t-il pas trouvées au moyen âge, pour exprimer l'admiration et la reconnaissance envers Marie? C'est un langage intarissable, comme celui des étoiles.

En effet, quel langage pour le cœur et l'imagina-

____
[1] OZANAM, *Civilisation au Ve siècle*, t. II.

tion que le cycle des fêtes de la Vierge? Un docte et pieux liturgiste fait cette réflexion : « Que l'Annonciation se célèbre dans le printemps, l'Assomption dans l'été, la Nativité dans l'automne et la Purification dans l'hiver, de sorte que les quatre temps de l'année sont placés sous le patronage spécial de la Bienheureuse Vierge, et que ces quatre solennités sont comme quatre pierres précieuses merveilleusement enchâssées dans la couronne de l'année, ou comme ces quatre fleuves qui arrosaient le Paradis et qui fécondent ainsi le temps, ou enfin comme les quatre vents qui soufflent des quatre points cardinaux[1] ».

Le langage du symbolisme éclatait encore sous d'autres formes dans les merveilleuses cathédrales. Ici, la liturgie émaillait ses proses, ses antiennes, ses répons, de figures bibliques ou d'images de la nature, à la louange de la Vierge ; là une sainte émulation s'appliquait à mettre en relief quelque étape ou quelque particularité de la vie de la sainte Vierge ; on honorait d'une manière charmante et sous des symboles gracieux ses fiançailles, l'attente de son enfantement, ses joies et ses douleurs maternelles, la Crèche où elle avait déposé l'Enfant-Dieu, la tunique sans couture dont elle l'avait revêtu, son propre voile virginal, sa ceinture. Sous ces titres divers, le culte de la Mère de Dieu présentait un caractère filial et

---

[1] Hostiensis, *De Festis*, lib. II, caput XVIII, quæst. 1.

affectif qui se nourrissait de tout ce qui touche à son objet.

Au symbolisme des cathédrales, se coordonnait aussi celui des pieux fidèles qui venaient s'agenouiller sur leurs dalles. Les grains du chapelet devenaient dans les mains du simple et de l'ignorant, par la ferveur et la grâce de la prière qui s'y applique, comme des grains d'encens dont le parfum spirituel montait à Dieu autant que celui des plus beaux cantiques. Le saint scapulaire les dépouillait de la terre en les revêtant du ciel, et faisait reposer sur eux l'esprit de Marie, comme sur Elisée vinrent se reposer le manteau et l'esprit d'Elie emporté sur un char de feu. La flamme du cierge que la ferveur allumait aux pieds de Notre-Dame était le symbole de cette flamme intérieure de la dévotion qui s'élève de l'âme et qui l'illumine en y consumant les grossièretés. Les pèlerinages aux sanctuaires de la Mère de Dieu, que la piété leur faisait entreprendre avec une naïve persévérance, habituaient leur esprit et leur cœur au pèlerinage vers la patrie des cieux. C'est ainsi que le culte de la Vierge insinuait, par des pratiques symboliques, la douceur, la pureté et la confiance. Quel spectacle consolant se dévoilait dans le mystère des jeunes cathédrales et les ennoblissait !

Inspiratrice de toutes ces beautés du culte, la Vierge va surtout répandre auprès du divin Tabernacle les faveurs de son inspiration.

*9

IV

La vie d'union avec Jésus, c'est la grande affaire pour l'âme chrétienne. Marie la favorise superbement dans l'intérieur des cathédrales émues ; leurs pierres criaient cette union, *lapides clamabunt*.

La Vierge inspire d'abord à l'âme qui s'approche du Tabernacle une exquise pureté ; non seulement elle la lui inspire, mais elle la revêt de sa propre pureté virginale car les mérites de la Vierge sont communicatifs à l'égard de ses enfants. Elle fait parler ainsi l'âme qui va communier : O Eucharistie, ô chair immaculée de mon Sauveur, venez vous unir à moi. Candeur de la lumière éternelle, brillez dans mes profondeurs. Miroir sans tache de la majesté de Dieu, ne souffrez rien qui vous ternisse. Image de sa bonté, rayonnez en moi de tout votre éclat. Doux parfum de cinnamome et de baume, exhalez vos suavités. Fleur divine, fleurissez comme le lis, et répandez l'arôme de vos parfums de vie et d'incorruption.

Après avoir revêtu l'âme chrétienne de son exquise pureté, la Vierge lui confère un nouvel ornement, elle la fait entrer en participation de son titre de Dame : l'âme en s'unissant au Fils de Dieu et de la Vierge devient la Dame de l'Eucharistie. Un vieil auteur pour décrire cette union divine emprunte la délicieuse figure d'Esther. « L'âme chrétienne approche de vous, ô Dieu du Tabernacle, comme autrefois Esther s'avançait vers le trône resplendissant d'Assuérus, son époux. Elle s'est dépouillée de ses vêtements ordinaires pour s'environner de la gloire de vos miséricordes, et prendre la robe royale de l'innocence recouvrée. Elle s'avance accompagnée de ses deux servantes la volonté et l'intelligence. Elle s'appuie sur la première, comme ne pouvant se soutenir à cause des délices qui l'inondent en vous approchant, et de la délicatesse de sa nature ; tandis que l'autre servante suit sa dame, soutenant les plis de ses longs vêtements ; elle s'avance, le visage animé de rose, les yeux pleins d'éclat et de grâce. Elle s'arrête auprès de votre trône, votre majesté l'épouvante tandis que votre amour l'inonde : elle s'évanouirait comme la cire blanche devant le feu de l'autel, si vous ne descendiez de votre trône pour la soutenir, si vous ne posiez votre sceptre d'or sur son cou, si vous ne lui donniez ce baiser de la communion qui est la première joie du ciel, en disant ces adorables paroles : Qu'avez-vous, Esther? *Je suis votre frère, ne craignez pas*[1] ».

Encore un ajustement, une parure dans l'union divine, et toujours par les soins de Marie. Sous la Loi ancienne, le Sauveur était le *Désiré* ; Jacob avait annoncé : « Il sera l'attente des nations, le Désiré des collines éternelles ». Les prophètes avaient prié ainsi : « Cieux, envoyez votre

---

[1] DE MACHAULT, *Méditations sur l'Euoharistie.*

rosée, et que les nuées pleuvent le Juste ». Sous la Loi ancienne, le Sauveur était donc le Désiré ; mais depuis la Loi nouvelle, il est devenu le Bien-Aimé : le Bien-Aimé avec la Loi d'amour ! Or, la Vierge inspire aux âmes éprises de la divine Hostie de se servir de ces deux expressions : le Désiré, le Bien-Aimé, pour mieux réaliser l'union divine. Dans les heures qui précèdent la sainte communion, au réveil, et lorsqu'elle s'avance vers la Table des anges, l'âme soupire : « O le Désiré de mon cœur, ô le Désiré de ma vie, ô le Désiré de mon éternité. » Mais dès que l'union divine s'est accomplie, l'âme substitue au soupir de l'attente l'épanchement de l'amour et dit avec délices : O le Bien-Aimé de mon cœur, ô le Bien-Aimé de ma vie, ô le Bien-Aimé de mon éternité. De la sorte, la ferveur de l'âme, fille du ciel et épouse du Christ, se partage entre ces deux sentiments le Désiré, le Bien-Aimé, comme l'encensoir d'or se balance devant l'autel de droite à gauche, de gauche à droite. O le Désiré de mon cœur, de ma vie, de mon éternité! O le Bien-Aimé de mon cœur, de ma vie, de mon éternité !

V

N'avons-nous pas exagéré en rattachant aux cathédrales la vie d'union avec Jésus ? La béatitude eucharistique n'appartient-elle pas à toutes les époques du christianisme, et l'autel de gazon champêtre ne la procure-t-elle pas autant que l'autel de marbre sculpté?

Incontestablement, la vie d'union avec Jésus est indépendante des cathédrales, et la plus modeste église, dès là qu'elle possède le trésor eucharistique, est aussi riche pour la vie d'union avec Jésus que Saint-Pierre de Rome ou Notre-Dame de Paris.

Néanmoins il faut convenir qu'un temple majestueux entraîne, par son aspect et ses cérémonies, à cette vie d'union. En effet, aspect et cérémonies rappellent aux fidèles une ordonnance sublime du plan divin, cette ordonnance :

Le sein de la Vierge et l'Eucharistie qui lui fait suite sont comme le mystérieux chantier où s'élève, à l'instar des cathédrales, la splendide église des saints. Le Fils de Dieu s'est fait homme pour édifier une demeure à son Père : des sommets du ciel, comme la pierre prophétique détachée de la montagne, il est venu se poser dans le sein de la Vierge pour être la pierre angulaire qui réunit en un seul tout l'Eglise du Ciel et l'Eglise de la terre. Mais la structure n'étant pas complète, la divine Eucharistie est venue continuer ce qui avait suavement commencé dans le sein de la Vierge. En effet, par la communion eucharistique, les chrétiens, pierres vivantes, sont coédifiées en maison spirituelle. Contemplant cette structure, saint Augustin s'écrie avec ravissement : « O Jésus, vous êtes l'artiste sublime du Père qui est dans les cieux. N'est-ce pas vous qui choisissez, taillez, façonnez, travaillez vos élus pour les faire entrer dans la structure de votre édifice? N'est-ce pas vous qui les adaptez, les liez et les enchaînez pour en faire un tout complet, une magnifique architecture à la gloire de votre Père? Oui c'est vous, je vous reconnais quoique vous travailliez sous le voile de l'Eucharistie ; et lorsque vous aurez achevé votre travail, vous en ferez au ciel l'éternelle dédicace. »

Il est digne et juste d'adresser à la Vierge la même admiration ravie, à propos des cathédrales : O douce Mère, de même qu'autrefois vous enveloppiez le tendre corps de votre petit enfant des langes que vous aviez tissés et préparés de vos mains virginales, ainsi, maintenant, vous enveloppez son corps eucharistique de toutes les grâces, de toutes les beautés, de toutes les splendeurs, de la cathédrale, qui est comme le gigantesque parement de l'autel où réside votre Bien-Aimé.

Telles étaient les grandes pensées que suscitait, au moyen âge, l'aspect des cathédrales dans leur architecture, leur ordonnance, leurs cérémonies. Comment ne partagerions-nous pas le sentiment enthousiaste d'un historien, qui, visiteur de ces superbes sanctuaires, se demandait « ce que Dieu ferait, au dernier jour, de ces admirables ouvrages élevés à sa louange par la tendre piété de tant de générations. Le feu qui doit purifier la terre foudroiera-t-il ces tours qui montaient pour le conjurer ; ces chevets d'églises gardés par les anges, ces

madones si pures, et ces saints si humblement prosternés devant elles? Et ailleurs, celui qui se fait
gloire de s'appeler le souverain artiste aura-t-il le
courage de détruire tant de mosaïques et de fresques où rayonne l'éternelle beauté? — Pourquoi ces
monuments n'auraient-ils pas aussi leur immorta-
lité ou leur résurrection? Et qui sait si, miraculeusement sauvés, ils ne devraient pas faire l'ornement de la Jérusalem Nouvelle que saint Jean nous
représente toute resplendissante de jaspe et de
cristal[1]? »

---

[1] OZANAM, *Pèlerinage au Pays du Cid*, description de la
cathédrale de Burgos.

CHAPITRE II

Séraphins de la terre thuriféraires de l'auguste Vierge.

I. Saint Bernard contemplateur et orateur. Son encensoir
de séraphin et l'encens de ses louanges à l'égard de la
Vierge Marie ; elle préside à sa mort. — II. Le frère
prêcheur saint Dominique. Au parfum de roses du saint
Rosaire, il adjoint dans son encensoir de séraphin le
parfum des lis. Son exquise virginité et son entier détachement : la Vierge les récompense par un insigne
miracle qui conserve dans le feu un livre doctrinal
de son serviteur. Les lis se continuent dans la famille
dominicaine et dans le Tiers-Ordre dominicain. —
III. Portrait du séraphin d'Assise. Ce qui monte de
son encensoir aux pieds de Notre-Dame des Anges :
premièrement, l'encens d'un renoncement absolu ; fiançailles de saint François avec la très sainte Pauvreté,
récompense qu'il trouve dans l'accueil qui lui est fait
par le Pape Innocent III. Deuxièmement, son encensoir fait monter l'assemblage des parfums de la nature ;
comment, à l'exemple de Marie, il parfumait son cher
Institut. La nature animée fournissait surtout à son
encensoir des parfums de louange et de reconnaissance :
scène délicieuse de sa prédication à ses petits frères
les oiseaux ; son cantique du soleil et de la mort. Troi-
sièmement, de son encensoir monte aux pieds de la
Mère du bel amour la bonne odeur de l'union fraternelle. Saint François apparaît sur les places publiques
en ange de réconciliation et de paix. La robe blanche
de saint Dominique et le froc du mendiant d'Assise
se rencontrent, à Rome, sous le portique de la basilique Saint-Pierre. Amitié six fois séculaire des Frères
Mineurs et des Frères Prêcheurs. Touchante rencontre
des deux familles à la fête des deux saints

I

Saint Paul écrivait aux chrétiens de son temps
Ne savez-vous pas que vous êtes le temple de Dieu.
Rien n'est plus vrai, et les temples les plus magni-
fiques élevés par l'architecture s'abîmeraient dans
la poussière devant un chrétien où resplendit la
grâce du baptême. Dans ces temples vivants que
nous sommes, il y a variété de splendeur. Nous
traiterons ici de certains temples vivants qui ont
eu le bonheur d'être les thuriféraires ou louangeurs
de l'auguste Vierge. On peut les appeler les séraphins de la terre.

Le premier qui entre en scène, homme prodige
qui réunissait en lui la chrétienté tout entière
dans une de ses plus grandes phases, est saint Bernard. Entre ses éminentes qualités, nous devons
nous borner à considérer en lui le contemplateur
et l'orateur. Echappant à la gloire qui s'attachait
à chacun de ses pas, il allait s'enfermer à Clairvaux sous sa petite loge de ramée et se réfugiait
dans la prière et la méditation. Car c'était là surtout, c'était dans les ravissements de la vie intérieure, dans l'extase de la contemplation, qu'il aimait à se plonger. Le monde, il le détestait, il ne
s'y donnait qu'avec répugnance et par sacrifice ;
tout son bonheur était dans l'amour de son Dieu
et dans le culte de la Très Sainte Vierge. Ses trois
cent quarante sermons sont des chefs-d'œuvre ; et

ses quatre cent trente-neuf lettres sont un monument impérissable de l'empire universel qu'il exerçait. Nous en extrayons cet encens de séraphin à la
Vierge Marie.

« Vous êtes le motif de notre espérance ; vous
représentez pour nous le temps de la miséricorde ;
vous avez été, *o inventrix gratiæ*, le commencement
de tout bien et l'origine de toute consolation.

« Ceux qui sont perdus, vous les retrouvez ;
ceux qui sont morts, vous les ressuscitez. Vous êtes
l'amie des pauvres, la vue des aveugles, le chemin
des errants, le pardon des pécheurs, la vie du monde.

« Vous êtes la voie royale du Sauveur. Dieu était
en quelque manière un pauvre voyageur errant
sur notre terre : vous êtes la maison où il a été ac-
cueilli. Vous êtes la cour, le château, le sanctuaire
de ce grand Dieu ; vous êtes son sceptre, son trône
et son diadème.

« Vous êtes par excellence la femme forte, et la
confidente de tous les secrets divins.

« Rien n'est suave à prononcer comme votre
nom. Vous êtes une neige, plus blanche que toutes
les neiges ; vous êtes le parterre de Dieu, l'urne
d'or, la plante céleste, la violette de l'humilité, la
perle fine, le grand présent de Dieu à l'homme.

« Vous êtes le firmament où Dieu a attaché
le soleil ; vous êtes l'image très constante, le reflet
de ce soleil divin ; vous êtes le grand fleuve de la
bonté qui lave et purifie toute la terre.

« Vous êtes le centre de la terre et du monde,

vous êtes à vous seule un monde magnifique ; vous êtes la science des sciences et la grande affaire de tous les siècles, *negotium seculorum.* »

Ces louanges sont les élans secrets du cœur de saint Bernard. Mais n'avons-nous pas vu, dans un précédent chapitre, que ce saint de France a composé le *Memorare* et parachevé le *Salve Regina* : de son encensoir de séraphin, se sont exhalés les accents communicatifs qui ont embaumé l'Eglise universelle. Aussi sa mort fut-elle l'envolée d'un ange dans les bras de Marie.

Les religieux de Clairvaux, disent les chroniques, se pressaient éplorés autour de son chevet. Saint Bernard pleurait lui-même. « Je ne sais, leur dit-il, en portant un regard angélique vers le ciel, auquel des deux il faut me rendre : ou à l'amour de mes enfants qui me presse ici-bas, ou à l'amour de Dieu et de ma céleste Mère qui m'attire en haut? » Ce fut ce dernier amour qui l'emporta, et en achevant cette parole il exhala son âme dans un transport de séraphin.

II

D'autres figures séraphiques se dessinent dans le service de la Vierge ; leur grande ombre se projette sur les populations du moyen âge, et semblable à la nuée miraculeuse qui conduisait le peuple d'Israël, les protège et les guide à travers les dangers et les fatigues du désert.

Deux de ces figures séraphiques apparaissent ensemble, inséparables comme *les deux oliviers et les deux candélabres* dont parle la sainte Écriture. Par suite du relâchement des mœurs le monde était plein alors de faux pauvres et de faux prêcheurs : dans ce suprême péril, Dieu suscite deux hommes de sa droite pour le conjurer : un vrai prêcheur pour l'opposer à l'hérésie, un vrai pauvre pour l'opposer à la licence, saint Dominique et saint François. Mais comme si rien ne pouvait se faire dans l'ordre chrétien sans la coopération de la Vierge, *grande affaire des siècles*, c'est principalement par Marie que ces deux saints sauvent la société.

Considérons d'abord le vrai prêcheur.

Nous n'avons pas à revenir sur l'institution du Rosaire, dont l'enchaînement formait comme une couronne ou *chapeau de roses* que Dominique avait posé sur la tête de la Reine des anges d'où était venu le mot *chapelet*. Nous raconterons ici d'autres particularités qui ont fait de saint Dominique un séraphin thuriféraire de l'auguste Vierge.

Le noble Castillan revêtu de sa robe blanche apparaît comme un rayon de pure lumière, comme un lis d'une blancheur immaculée. Rien qu'à considérer cette physionomie, sereine comme celle des anges, l'idée de la virginité s'établit d'elle-même. Dans la célèbre vision où les divers fondateurs d'Ordre furent montrés à sainte Catherine de Sienne, elle reconnut saint Dominique au lis éblouissant qu'il tenait à la main ; elle raconte que ce lis brûlait sans se consumer, comme le buisson ardent de Moïse. Ainsi l'odeur du lis se mêlait, dans l'encensoir du séraphique thuriféraire, à l'odeur des roses du saint Rosaire. Jamais il ne prêcha sans s'être mis à genoux, priant avec des larmes, devant une image de Marie. Ses larmes étaient communicatives, sa parole ardente les faisait couler des yeux de son auditoire. Pour soulager les pauvres, il vendait tout jusqu'à ses livres ; en ce temps-là les livres étaient rares, écrits sur des parchemins ; pendant une famine, il les vendit en prononçant cette parole : « Pourrais-je étudier sur des peaux mortes, quand il y a des hommes qui meurent de faim. »

En retour, la douce Vierge entoura d'un beau miracle un livre de son serviteur. Les hérétiques étaient devenus les adversaires acharnés du prêcheur. Lui gémissait, sanglotait aux pieds de Marie en voyant combien la religion avait dépéri dans le comté de Toulouse, car on pouvait citer certaines bourgades où depuis trente-trois ans le pain consacré n'avait pas été administré aux fidèles, ni le baptême donné aux enfants. Dominique composa un petit livre pour y ressusciter la foi. Les chefs de l'hérésie albigeoise se montrent irrités de l'audace du Frère Prêcheur. Ils avaient également des livres propagateurs de leurs impiétés. Ils proposent donc, pour raffermir ceux qui balançaient dans leurs doctrines, de soumettre le livre de Dominique et les leurs à l'épreuve du feu, mesure qui était en usage alors.

Un énorme brasier est allumé, on y jette le livre de Dominique et les livres albigeois ; ceux-ci sont en peu d'instants dévorés par les flammes ; le livre du saint, repoussé par le feu, y est rejeté trois fois et trois fois en sort intact.

O brasier intelligent, tandis que tu te montres fournaise de châtiment pour les livres des Albigeois, tu te transformes en encensoir d'où monte la bonne odeur du livre de saint Dominique, thuriféraire de l'auguste Vierge. Le croirait-on, de tous les chefs de la rébellion hérétique, un seul se convertit.

L'angélique pureté de saint Dominique devint un des caractères de son Ordre. On sait qu'à l'ouverture de son tombeau pour la reconnaissance de son saint corps une odeur merveilleuse embauma sa famille dominicaine qui l'entourait : symbole de l'assemblage de lis qui caractériseraient ses bienheureux enfants. En effet les chroniques d'Alsace rapportent que lorsque les Frères Prêcheurs de Strasbourg se disposaient à changer leur installation provisoire, une pieuse femme aperçut l'emplacement de leur situation définitive sous la figure d'un champ couvert de lis ; soudain ces lis se transforment en autant de religieux revêtus de la robe blanche : délicate annonce des disciples de saint Dominique qui, pour ne parler que du

XIIIe siècle, devaient s'appeler saint Hyacinthe, saint Raymond, saint Pierre martyr et le Docteur angélique, saint Thomas d'Aquin.

Mais la blanche vertu de pureté s'est étendue au-delà de la famille dominicaine. Peu de temps avant sa mort le bienheureux Dominique avait institué le Tiers-Ordre. « Son histoire est une des plus belles choses qu'on puisse lire, dit Lacordaire, Le Tiers-Ordre introduisit la vie religieuse jusqu'au sein du foyer domestique. Il a produit des saints sur tous les degrés de la vie humaine, depuis le trône jusqu'à l'escabeau, avec une telle abondance que le désert et le cloître pouvaient s'en montrer jaloux. Les femmes surtout ont enrichi les Tiers-Ordres du trésor de leurs vertus. Trop souvent enchaînées dès l'enfance à un joug qu'elles n'ont point souhaité, elles échappaient à la tyrannie de leur position par l'habit de saint Dominique ou de saint François. Le monastère venait à elles, puisqu'elles ne pouvaient aller chercher le monastère. Elles se faisaient, dans quelque réduit obscur de la maison paternelle ou conjugale, un sanctuaire mystérieux, tout plein de l'époux invisible qu'elles aimaient uniquement. »

O bienheureux Dominique, quelle quantité de parfums de lis et de roses monte de votre encensoir aux pieds de la Vierge Marie.

III

A côté de la robe blanche du Frère Prêcheur, apparaît la robe de bure du pauvre volontaire.

On a tracé ce portrait du Séraphin d'Assise :

C'était un jeune négociant, promenant gaiement ses plaisirs et sa fortune sur les routes, sans nul souci de Dieu ni d'enfer, quand, à vingt-cinq ans, une vision d'En-Haut le frappe et le convertit. Alors il vend et abandonne tout ce qu'il possède, tout, même son dernier vêtement, et libre alors devant les hommes, il s'élance sur la terre en chantant les louanges du Seigneur. L'amour immense dont son cœur est rempli a besoin de s'épancher ; partout il invite les choses créées à louer le Tout-Puissant; les oiseaux du ciel, les moissons de la plaine, les pierres et les forêts, toutes les merveilles de la nature il les appelle ses frères et ses sœurs, et il les convie à la louange du Créateur. Sa vie est un concert perpétuel, un hymne de grâce, de reconnaissance, de prières et d'extase. Il va se jeter aux pieds du Pape, tremblant d'aise et comme bondissant de transport; il supplie que le Souverain-Pontife lui permette de prêcher et de mendier dans tout le monde ; et le voilà qui parcourt les villes et les campagnes, pieds nus, s'humiliant dans la pénitence, développant par ses paroles, par ses actes, jusque devant le sultan Maleck-Kamel, le magnifique drame de la religion chrétienne, et, par un miracle de la grâce divine, reproduisant dans les plaies de ses pieds et de ses mains les douleurs de la Passion.

Rattachons ce portrait au sanctuaire de Sainte-Marie-des-Anges : c'est le lieu préféré de François, son paradis de délices, pierre angulaire de l'Institut des Frères Mineurs. C'est là que les ardeurs de sa charité l'ont fait surnommer le Séraphin d'Assise. Toutes les fois que les doux noms de Jésus et de Marie se présentaient sur ses lèvres, il ne pouvait passer outre ; sa voix s'altérait, comme s'il eût savouré un miel délicieux, ou comme s'il eût entendu une mélodie intérieure dont il aurait voulu ressaisir les notes ; un chroniqueur dit qu'en les prononçant il se léchait les lèvres. Nous avons raconté comment l'église de Sainte-Marie-des-Anges devint le point de départ de l'insigne faveur de la Portioncule ; ajoutons un détail : dans une de ses extases, le séraphin d'Assise fut ainsi interpellé par le Sauveur : « François, ton amour va jusqu'à l'excès, jusqu'à la folie ! Tu attends de moi l'impossible, et jamais personne ne m'a demandé les mêmes faveurs que toi. — O Seigneur, mon doux amour ! répliqua François, est-ce bien à vous à me reprocher cet excès, à vous qui, pour l'amour de moi, vous êtes anéanti, avez pris une chair semblable à la nôtre et nous avez aimés jusqu'à la folie de la Croix ? » Ces faveurs, cet excès, pour lesquels François trouvait une si aimable réplique, avaient eu pour instigatrice la Mère de Jésus. Elle mérite bien, ô Séraphin d'Assise, que vous soyez son thuriféraire à côté de saint Bernard.et de saint Dominique; faites donc monter vers elle les suaves vapeurs de votre encensoir.

La vapeur qui s'en exhale tout d'abord est celle de l'encens, mais l'encens du renoncement. En effet, un Père de l'Eglise prêtant un langage à l'encens enflammé, lui fait dire : *Peream dum placeam*, que je périsse pourvu que je plaise ; tout le feu du Séraphin d'Assise avide de renoncement et de pauvreté est dans cette devise. Il tombait en extase quand il expliquait « le trésor infini de la Très Sainte Pauvreté ». Lorsqu'on entre dans l'église basse d'Assise, on s'arrête, saisi d'admiration et d'un pieux respect, devant une grande fresque de la voûte. Qui pourrait raconter toutes les merveilles de cette sublime composition? Le Christ est là, debout, avec ce calme radieux qui illuminait sa face divine pendant les quarante derniers jours de sa vie sur la terre; il présente à l'humble François la main d'une jeune fille, et François lui met au doigt l'anneau nuptial, gage d'une éternelle alliance. Cette belle fiancée est couronnée de roses et de lumières ; ses yeux sont doux et sa bouche riante ; mais son visage est amaigri et son vêtement grossier est en lambeaux ; ses pieds sont déchirés et sanglants. Elle marche dans les épines et sur les pierres aiguës d'un chemin âpre et difficile. Un chien aboie contre elle et les enfants du siècle l'outragent, ils lui jettent des pierres avec des injures, ils l'accablent de malédictions et de coups... C'est la très sainte Pauvreté chrétienne... Et les chœurs des anges tressaillent d'allégresse et sont en adoration profonde devant cette mystérieuse union. Un ange de justice chasse les avares et ces chrétiens dégénérés qui caressent des sacs d'or ; un ange de miséricorde fait entrer dans le doux bonheur de la pauvreté le jeune homme riche qui distribue ses biens aux pauvres. Et au-dessus de tout ce tableau saint et pacifiant, les anges du sacrifice et de l'offrande présentent à Dieu les maisons, les richesses et les vêtements quittés pour son amour. Sous cette toile admirable, on pourrait graver un verset du *Magnificat*, celui où la Vierge Marie prononce cette sentence : *Esurientes implevit bonis, et divites dimisit inanes*, le Seigneur a comblé de biens les indigents et il a renvoyé les mains vides ceux qui étaient dans l'abondance.

Cet encens d'un entier renoncement, dans l'encensoir du pauvre d'Assise, plut tellement à l'auguste Vierge qu'elle lui ménagea la récompense qu'il ambitionnait le plus : l'approbation exceptionnelle du Souverain Pontife. Il avait pris le chemin de Rome pour demander au pape l'approbation de son Ordre. Il arriva donc qu'Innocent III se promenait au palais de Latran sur une terrasse élevée, lorsqu'il vit un homme chétif et pauvre qui vint l'entretenir de l'établissement d'une nouvelle institution religieuse fondée sur la pauvreté. Il le rebuta ; mais pendant la nuit il vit en songe la basilique de Latran chanceler sur ses bases, et le mendiant rebuté la veille la soutenait de ses épaules. A son réveil il fait chercher cet étranger, le reçoit au milieu des cardinaux, écoute l'exposition de ses projets, et s'estime heureux de pouvoir donner à l'Eglise ces pauvres si riches de l'amour de Dieu.

Une autre vapeur odorante sortait de l'encensoir du pauvre d'Assise : c'est l'assemblage des parfums de la nature.

Là encore, l'auguste Vierge lui donne l'exemple du parti qu'on doit tirer de la création. Les Livres saints et l'Eglise font dire à Marie : *J'ai répandu une senteur de parfum comme la cannelle et le baume le plus précieux, et une odeur comme celle de la myrrhe la plus excellente. J'ai parfumé ma demeure comme le storax, le galbanum, l'onyx, la myrrhe, comme la goutte d'encens tombée d'elle-même ; et mon odeur est comme celle d'un baume très pur et sans mélange.* A l'exemple de sa divine protectrice, François parfumait son cher Institut : chaque couvent devait réserver dans son petit jardin un carré des fleurs les plus belles, afin d'y trouver à louer le Seigneur.

Mais c'était surtout la nature animée qui fournissait à son encensoir le parfum de la louange et de la reconnaissance. En effet, à force de larmes et de prières, d'amour et d'humilité, le Séraphin d'Assise avait reconquis l'innocence primordiale, et avec elle il semblait avoir recouvré les privilèges dont

jouissaient nos premiers parents au jour de leur
création. Il était parfaitement soumis à Dieu ; et la
créature inférieure, à son tour, rentrant pour lui
dans l'ordre détruit par le péché, se montrait si do-
cile à sa voix, que pour retrouver une pareille
obéissance, il faut remonter jusqu'à l'âge d'or du
paradis terrestre. C'est un fait acquis à l'histoire
qu'il commandait en maître à toute la nature, et
que toute la nature lui obéissait comme si elle eût été
douée d'intelligence. Lorsqu'il sortait du couvent
de Notre-Dame-des-Anges pour parcourir les plai-
nes de l'Ombrie, les animaux saluaient en lui le roi
de la création. N'apercevant plus que l'empreinte
divine sur cette figure amaigrie où il n'y avait presque plus rien de terrestre, et n'éprouvant plus dès
lors cette horreur instinctive que leur inspirent
notre état de déchéance et notre dureté, ils entouraient le saint pour l'admirer et le servir. Les lièvres
et les lapins se réfugiaient dans les plis de sa robe.
Traversait-il un pâturage, les brebis, s'entendant
saluer du doux nom de sœurs, levaient la tête et
accouraient vers lui, laissant les bergers stupéfaits.
Avec cette belle simplicité qui est l'apanage des
âmes pures, il se plaisait à aller prêcher ses frères
les oiseaux. A sa voix, une multitude de ces petits
êtres ailés se réunissait autour de lui, et François
leur tenait ce langage : « Chers oiseaux mes petits
frères, le Créateur vous a comblés de bienfaits, et
vous devez l'en bénir à toute heure et en tout lieu.
C'est lui qui vous a revêtus de votre beau plumage,

et vous a donné des ailes avec la liberté de voler
où il vous plaît ; c'est lui qui a conservé votre race
dans l'arche de Noé, et qui vous a assigné pour séjour les régions sereines de l'air. Il vous nourrit sans
que vous ayez besoin de semer ni de moissonner ; il
vous a donné l'eau des rivières et des fontaines pour
étancher votre soif, les montagnes et les vallées
pour vous y servir de refuge, les arbres pour y poser
vos nids ; et il veille sur votre petite famille. Ah !
puisque votre Créateur vous aime tant, gardez-
vous bien, mes petits frères, de vous montrer jamais ingrats ; appliquez-vous, au contraire, à faire
sans cesse monter vers lui le tribut de vos louanges.
Pendant qu'il leur parlait ainsi, les oiseaux allon-
geaient le cou, battaient des ailes, inclinaient la
tête jusqu'à terre, pour montrer l'extrême plaisir
qu'ils prenaient à l'entendre. De son côté, le serviteur de Dieu passait familièrement au milieu
d'eux, admirant leur nombre et leur variété, et les
caressant des franges de sa robe. Enfin, il leur
donna sa bénédiction, et sur un signe de sa main,
tous s'envolèrent vers les quatre parties du monde,
en faisant retentir l'air de leurs chants harmonieux.

La sainteté et la poésie sont sœurs. Quoi de plus
ravissant que cet hymne d'amour du Séraphin
d'Assise sous le nom du cantique du soleil et de la
mort :

« Loué soit Dieu mon Seigneur par toutes les
créatures et spécialement par mon frère le soleil
qui nous dispense la lumière et le jour ! Il est beau

et rayonnant d'une vive splendeur, et il rend témoignage de vous, ô mon Dieu.

« Loué soit mon Seigneur par notre sœur la lune et par les étoiles, qu'il a suspendues, comme autant de lampes claires et brillantes, à la voûte du firmament.

« Loué soit mon Seigneur par notre frère le vent, par l'air, par le temps calme et par les tempêtes, et par toutes les saisons, par lesquelles, ô mon Dieu, vous entraînez la vie de vos créatures.

« Loué soit mon Seigneur par notre sœur l'eau, qui est très utile, humble, précieuse et chaste.

« Loué soit mon Seigneur par notre frère le feu, au moyen duquel vous illuminez la nuit, et qui est beau, agréable à voir, indomptable et puissant.

« Loué soit mon Seigneur par notre mère la terre, qui nous porte, nous nourrit, et produit une si belle variété d'herbes, de fleurs et de fruits. »

Lorsque Jésus et Marie lui eurent révélé qu'il allait être délivré de la prison de son corps et transporté dans le séjour de l'éternel repos, il termina :

« Loué soit mon Seigneur par notre sœur la mort corporelle, à laquelle nul enfant des hommes ne saurait échapper. Malheur à qui trépasse en état de péché mortel! Bienheureux, ô mon Dieu, ceux que la mort trouve dociles à vos très saintes volontés, parce que la seconde mort ne pourra les atteindre. »

Avant la récompense des cieux, il lui fut donné d'en savourer une ici-bas, la plus douce qu'un cœur catholique puisse ambitionner. Il sortait, en effet, de son encensoir la bonne odeur de l'union fraternelle, en flots d'amour aux pieds de Jésus et de Marie.

O belle et bonne Dame, ce n'est pas sans dessein que les saints Livres et l'Eglise vous proclament la *Mère du bel amour :* tout ce qui est bel amour entre les hommes est votre parfum préféré.

C'est pourquoi on vit apparaître le pauvre d'Assise comme l'ange de la réconciliation et de la paix sur les places publiques. En se faisant pauvre, en fondant un Ordre de pauvres, il relevait, il consolait la pauvreté, c'est-à-dire la plus générale des conditions humaines ; et il travaillait ainsi à la grande réconciliation du pauvre et du riche et resserrait les liens de la fraternité chrétienne. A sa voix les passions violentes s'apaisaient, les ennemis s'embrassaient dans la charité du Christ. Ainsi saint François apparaît comme l'Orphée du moyen âge, domptant la férocité des bêtes et la dureté des hommes, et je ne m'étonne pas que sa voix ait touché les loups de l'Apennin, puisqu'elle désarma les vengeances italiennes qui ne pardonnaient guère. Oh ! comme la Mère du bel amour odorait cette bonne odeur de l'union fraternelle.

Les doigts de rose de la Vierge allaient combiner l'union fraternelle sous un nœud d'amour qui se perpétue à travers les siècles. A Rome, sous le portique de la basilique Saint-Pierre, la robe blanche de saint Dominique et le froc du mendiant d'Assise se rencontrent ; les deux saints ne s'étaient jamais vus ; mais à une voix intérieure qui est celle de Marie, ils courent l'un à l'autre et se tiennent longtemps embrassés. Le baiser de Dominique et de François s'est transmis sur les lèvres de leur postérité. Une jeune amitié unit encore aujourd'hui les Frères Prêcheurs aux Frères Mineurs. Ils se sont rencontrés sur tous les points du monde; ils ont bâti leurs couvents aux mêmes lieux ; ils ont mendié aux mêmes portes ; leur sang, répandu pour Jésus-Christ, s'est mêlé mille fois dans le même sacrifice et la même gloire ; ils ont peuplé à l'envi le ciel de leurs saints, et jamais rien n'a terni le cristal sans tache de leur amitié six fois séculaire.

Chaque année, lorsque le temps ramène à Rome la fête de saint Dominique, des voitures partent de Sainte-Marie-sur-Minerve, où réside le général des Dominicains, et vont chercher au couvent d'*Ara-Cœli* le général des Franciscains, qui arrive acompagné d'un grand nombre de ses Frères. Les Dominicains et les Franciscains réunis en deux lignes parallèles, se rendent au maître autel de la Minerve, et, après s'être salués réciproquement, les premiers vont au chœur, les seconds restent à l'autel pour y célébrer l'office de l'ami de leur père. Assis ensuite à la même table, ils rompent ensemble le pain qui ne leur a jamais manqué depuis six siècles, et, le repas terminé, le chantre des Frères Mineurs et celui des Frères Prêcheurs chantent de concert, au milieu du réfectoire, cette antienne : « Le séraphique François et l'apostolique Dominique nous ont enseigné votre loi, ô Seigneur ! » L'échange de ces cérémonies se fait au couvent d'*Ara-Cœli* pour la fête de saint François ; et quelque chose de pareil a lieu par toute la terre.

CHAPITRE III

Les chevaliers de Marie.

I. La chevalerie institution de l'Eglise. — II. Description
que fait la Bible du noble coursier qui a fourni son nom
à la chevalerie. Cortège des vertus chrétiennes qui
chevauchaient avec les chevaliers. — III. La chevalerie au service de la Vierge Marie. Ordres chevaleresques que les souverains font relever d'Elle. Les
cavaliers de Notre-Dame. L'épisode biblique où un
cavalier du ciel renverse Héliodore qui va enlever dans
le Temple de Jérusalem la subsistance des veuves et
des orphelins, est une expressive figure des cavaliers
de la Vierge protégeant partout la faiblesse et le bon
droit. — IV. Grandies par le culte de la chevalerie
envers Marie, les femmes chrétiennes font grandir
l'amour des chevaliers pour la Vierge. Un rôle de séraphin est dévolu à certaines femmes : à sainte Brigitte en Suède, à sainte Catherine de Gênes, à sainte
Véronique de Milan, à sainte Gertrude en Allemagne.
Héroïsme des femmes chrétiennes dans les guerres de
la chrétienté.

1

Dans un précédent chapitre, nous avons montré
la chevalerie restituant et conservant à la femme
la dignité que le christianisme lui avait conquise.
C'est autour de la Vierge Marie que nous allons
considérer les hommages et les exploits de ses
preux.

Il est utile de rappeler que la chevalerie est une

institution de l'Eglise pour la défense des veuves, des orphelins et des prêtres au milieu du despotisme féodal, et qui subsiste du XIe au XVe siècle. La féodalité était le côté réel de la société au moyen âge ; la chevalerie en fut le côté poétique et idéal. Un parallèle entre les vertus chrétiennes et les vertus chevaleresques témoignera que c'est bien à l'Eglise que revient cette merveilleuse et bienfaisante institution.

La foi et la fidélité étaient la première vertu du chevalier ; la fidélité est pareillement la première vertu du christianisme.

Le chevalier ne mentait jamais. — Voilà le chrétien.

Le chevalier était pauvre et le plus désintéressé des hommes. — Voilà le disciple de l'Evangile.

Le chevalier s'en allait à travers le monde, secourant la veuve et l'orphelin. — Voilà la charité de Jésus-Christ.

Le chevalier était tendre et délicat. Qui lui aurait donné cette douceur, si ce n'était une religion humaine qui porte toujours au respect pour la faiblesse? Avec quelle bénignité Jésus-Christ lui-même ne parle-t-il pas aux femmes dans l'Evangile !

Enfin le christianisme a produit l'honneur ou la bravoure des héros. D'où il résulte que le plus faible des chevaliers ne tremble jamais devant un ennemi; et, fût-il certain de recevoir la mort, il n'a pas même la pensée de la fuite.

II

Il semble que Dieu lui-même ait été jaloux de s'associer, par le côté le plus pratique , à l'institution chrétienne des chevaliers. La Bible a donc enregistré une description du noble coursier qui a fourni son nom à la chevalerie. Le Seigneur exposant son pouvoir créateur à Job, qu'il voulait relever de son affaissement, lui dit :

« *Est-ce vous qui donnerez au cheval sa force, qui lui ferez pousser ses hennissements, ou qui le ferez bondir comme les sauterelles ; le souffle si fier de ses narines répand la terreur ; il creuse du pied la terre ; il s'élance avec audace, il court au devant des hommes armés ; il méprise la peur, le tranchant des épées ne l'arrête point ; des flèches sifflent autour de lui ; il écume, il frémit, il absorbe la terre, il est intrépide au bruit des trompettes ; lorsqu'on sonne la charge, il dit : Allons !* »

Avec ce fier animal ainsi décrit par la Bible, qu'on se représente maintenant la chevauchée des vertus chevaleresques, c'est un cortège qui devait ravir les anges. Chevauchaient :

La fidélité : les chevaliers étaient fidèles à Dieu et à leur dame ; à côté de la croix sur l'épaule, ils portaient, dans leur panache ou à leur écharpe, les couleurs d'un légitime amour.

La bravoure : les noms de Raymond, de Baudouin, de Tancrède sont devenus synonymes de bravoure chevaleresque ; et le nom seul de Richard Cœur de Lion inspirait à tous les Sarrasins une telle terreur que, si un de leurs chevaux s'effarouchait, ils lui disaient : « As-tu donc vu l'ombre du roi Richard ? »

L'union fraternelle : c'est certainement en pensant à quelque chevalier fatigué sur les chemins poudreux de la Palestine, et soutenu par un compagnon d'armes, que l'auteur de l'Imitation a inscrit à cette époque dans son livre immortel, cet encouragement : *Allons, frères, marchons ensemble; pour Jésus, nous nous sommes chargés de la Croix ; continuons, pour Jésus, de porter la Croix.*

Impossible de décrire et d'énumérer toute la brillante chevauchée des vertus chevaleresques ; on y distinguait encore : la pitié et la protection des faibles, la clémence pour les vaincus, le respect de la parole donnée, la courtoisie et la délicatesse, la joie et la belle humeur ; et à l'arrière-garde de ce cortège des vertus, pour les protéger toutes, la fierté et l'honneur, la grande fierté française, l'honneur du nom chrétien. « Fais-moi chevalier », demandait le sultan vainqueur à saint Louis ; et le roi vaincu répondait : « Fais-toi chrétien, et je te ferai chevalier ». Aussi, lorsqu'à la fin des croisades, après deux siècles de luttes, la France rentra son glaive dans son fourreau, l'épée de Charlemagne pouvait s'appeler avec la même fierté l'épée de saint Louis : il n'y avait pas de tache sur son brillant acier, pas d'ombre dans son splendide éclair !

III

Tout ce qui précède est comme une avant-garde d'honneur. Voici que les cohortes des chevaliers accourent se ranger autour de la belle Dame inspiratrice de leurs vertus.

Saint Bernard promulgue cette règle des chevaliers religieux et militaires : *ils seront armés de foi au-dedans et de fer au dehors, et ils combattront pour Dieu et pour la Vierge,* « *cette dame de tout le monde* ». La Vierge eut alors à son service une milice mobile et généreuse qui honorait son culte en s'honorant de lui. Affranchie du lien féodal comme des distinctions de nations, elle devint l'armée immédiate du Christ et de la Vierge, et offrit dans ses rangs aux gentilshommes un asile actif en temps de paix, une école d'héroïsme en temps de guerre. La noblesse, de farouche qu'elle était d'abord, parce qu'elle se fondait uniquement sur le droit brutal de la conquête, finit par adopter cet esprit chevaleresque qui fut depuis son caractère; elle s'accoutuma à associer au courage la politesse, l'ardeur religieuse, l'amour délicat et l'enthousiasme. Elle perdit, il est vrai, de ses richesses ; mais en revanche elle acquit de l'illustration, puisqu'elle fut jetée, des étroites limites de ses châteaux, sur un théâtre vers lequel se tournaient les regards de l'Europe et de l'Asie. Les souverains se plurent à lui décerner, chacun dans son royaume, des titres qui la faisaient relever directement de la Vierge Marie. Ainsi furent fondés l'Ordre de Sainte-Marie-de-l'Etoile, par le pieux roi Robert ; l'Ordre de Sainte-Marie-du-Lys, par don Garcie de Navarre ; et l'Ordre des Frères hospitaliers de la Sainte Vierge, plus connus sous le nom de Chevaliers teutoniques, qui contribuèrent si puissamment à la civilisation de l'Allemagne. Les cavaliers de Notre-Dame avaient grande renommée auprès du peuple.

Au lieu de rapporter leurs anecdotes et leurs légendes, nous rehausserons leur action commune en la rattachant à un célèbre épisode biblique qui résume admirablement les services des cavaliers de Notre-Dame.

Héliodore était entré dans Jérusalem avec l'ordre du roi de Syrie, son souverain, de s'emparer du trésor conservé dans le Temple. Le grand prêtre Onias lui représente que ce dépôt est la subsistance des veuves et des orphelins. Héliodore passe outre et pénètre dans l'enceinte sacrée avec une troupe de satellites. Tout Jérusalem implore avec larmes un secours divin. A l'instant les satellites épouvantés voient apparaître un cavalier revêtu d'une armure d'or et monté sur un cheval magnifiquement harnaché. Le cheval s'élance avec impétuosité et frappe Héliodore de ses sabots de devant. En même temps deux jeunes hommes richement vêtus le fustigent à coups redoublés. Héliodore qui était tombé à la renverse est emporté tout meurtri. Mais à la prière du grand prêtre Onias, la clémence divine lui conserve la vie.

Cet épisode biblique n'est-il pas une figure expressive du grand service rendu par la chevalerie chrétienne dans les temps encore troublés du moyen âge? Ici et là, tantôt dans ce royaume, tantôt dans cet autre, des sacrilèges font couler les larmes ; des dépôts sacrés sont enlevés, et la subsistance des veuves et des orphelins est indignement dévorée. Qui donc va venir au secours? Accourez, cavaliers de Notre-Dame. Si dans l'épisode biblique, on remplace la figure du grand prêtre Onias par celle de la Vierge Marie, on voit reparaître tous les détails palpitants de la scène du Temple. A la prière et sous l'inspiration de la Vierge, des cavaliers, qui portent son nom et ses couleurs, bondissent dans tous les lieux de la chrétienté où le rapt et le sacrilège ont besoin d'être refoulés. Ils ont la cuirasse d'or et leurs chevaux sont superbement harnachés. Les pieds de devant de leurs coursiers renversent l'agresseur, ici un pirate, là-bas une bande de Maures et de Sarrasins, dans le Nord un audacieux Tartare, parfois, au sein même de la chrétienté, un parjure, un renégat. Oh ! comme les bonds des cavaliers de la Vierge sont impétueux. Non moins que le cavalier du Temple assisté de deux anges pour flageller Héliodore, ils ont aussi leurs anges, des pages, des écuyers, des hommes d'armes, tous animés de zèle envers leur belle Dame. Ils flagellent le vol, ils font fuir le déshonneur. Les peuples sont dans l'admiration et s'écrient : Laissez passer les cavaliers de Notre-Dame, laissez passer la justice de Dieu.

Sous la Loi d'amour, la justice ne va pas sans la miséricorde. A l'exemple du Grand Prêtre qui obtenait la vie sauve pour Héliodore, et mieux encore, la clémente Vierge Marie fait souvent tomber à genoux des spoliateurs, des pirates, des sacrilèges qui tendent leurs mains vers Elle en la remerciant de leur avoir conservé la vie.

IV

Dans son glorieux service auprès de la Vierge Marie, la chevalerie fut aidée par des séraphins de la terre. Quels séraphins?

Nous avons exposé en différents endroits de cet ouvrage comment, sous l'influence constante de la Vierge Marie, la femme avait été successivement tirée de son avilissement primitif par la doctrine de l'Evangile, puis ennoblie dans l'arène du martyre par la pourpre de son propre sang, et enfin placée dans une sphère idéale par les délicatesses courtoises de la chevalerie : tout cela, encore une fois, sous l'influence constante de la Vierge Marie. Redevable de son agrandissement moral à la Vierge et à la chevalerie, la femme, à son tour, va s'employer à faire grandir l'amour des chevaliers pour la Vierge Marie. Les siècles du moyen âge ont vu ce beau spectacle de zèle : des séraphins de la terre, des femmes sont écoutées par les chevaliers comme des envoyés du ciel.

La première qu'il faut nommer, princesse d'une royale famille de Suède, est sainte Brigitte. Elle devait exercer une influence considérable sur les chevaliers du Nord. En sa faveur, la Vierge Marie préserva sa mère du naufrage lorsqu'elle la portait encore dans son sein. A l'âge de dix ans, elle fut singulièrement touchée d'un sermon qu'elle entendit sur la Passion ; la nuit suivante, elle crut voir Jésus attaché à la Croix, tout couvert de sang; et il lui sembla entendre la voix de sa divine Mère qui lui disait : « Ma fille, il a été traité de la sorte par ceux qui le méprisent, dédommage-le par ton amour » ; l'impression que fit sur Brigitte ce songe mystérieux ne s'effaça jamais, et depuis ce temps-là sa dévotion pour les souffrances du Sauveur fut inénarrable. Si ses révélations ont rendu son nom célèbre, ses héroïques vertus l'ont rendue vénérable à toute l'Eglise. Vivre d'une manière conforme à nos divins mystères est quelque chose de plus grand et de plus sublime que d'avoir des visions, et de connaître des choses cachées. Eût-on la science des anges, on n'est qu'une timbale retentissante sans la charité ; mais sainte Brigitte eut le glorieux privilège de joindre à la charité le langage des anges.

L'Italie n'est pas moins favorisée que la Suède : deux séraphins, sainte Véronique de Milan et sainte Catherine de Gênes, développent et stimulent le zèle des chevaliers à l'égard de Notre-Dame. La première, humble paysanne, n'avait reçu aucune instruction humaine, et ne savait pas même lire. Mais la grâce se fit son docteur et lui révéla les secrets du royaume céleste, qui sont cachés aux savants et aux sages, et que Dieu manifeste aux petits et aux humbles de cœur. Les lumières intérieures qu'elle puisait dans l'oraison la mirent en état de méditer presque sans cesse les mystères et les principales vérités de la religion. Entrée de bonne heure chez les Augustines de Sainte-Marthe de Milan, elle sentit la nécessité d'apprendre à lire, pour étudier les saintes Écritures. Ses occupations manuelles ne lui laissaient pas un instant libre pendant le jour ; elle passait les nuits à cet exercice, et elle réussit enfin, sans le secours d'aucun maître, après des difficultés incroyables. Elle se plaignit un jour à la Sainte Vierge de la lenteur de ses progrès. La Reine du ciel la consola dans une vision. « Bannissez cette inquiétude, lui dit-elle, il suffit que vous connaissiez trois lettres : la première est la pureté du cœur, qui consiste à aimer Dieu par dessus tout, et à n'aimer les créatures qu'en lui et pour lui ; la seconde est de ne murmurer jamais, et de supporter avec patience les défauts du prochain ; la troisième est d'avoir, chaque jour, un temps marqué pour méditer sur la Passion de Jésus-Christ. » Fidèle aux leçons de sa divine patronne, sainte Véronique avançait continuellement dans la voie de la perfection. Son cœur était constamment uni à Dieu par la prière ; et la vivacité de sa componction allait si loin, que ses larmes ne tarissaient presque jamais. Ses discours avaient tant d'onction, que les pécheurs les plus endurcis ne pouvaient résister à leur pieux attrait.

Sainte Catherine de Gênes, fille d'un vice-roi de Sicile, fut mariée d'abord à un riche seigneur italien. Il lui fallut subir la tyrannie du monde, et se livrer à ses plaisirs frivoles, à ce tourbillon d'affaires, de joies, de caprices, qui énervent l'âme dans une fatigue stérile et des distractions incessantes. Mais Dieu l'appelait à une vocation plus élevée. Son époux, converti par ses prières et son exemple, entra dans le Tiers-Ordre de Saint-François, où il mourut dans les sentiments de la plus vive piété. Catherine, dégagée de ses liens terrestres, prit la résolution de se faire la servante des malades et des pauvres, dans le grand hôpital de Gênes. La grâce qui la soutenait lui donna le courage de vaincre toutes les répugnances de la nature. La femme du monde sut mettre, dans les soins qu'elle prodiguait aux membres souffrants de Jésus-Christ, la même délicatesse affectueuse et tendre, l'amabilité insinuante et douce qui l'avaient fait chérir dans ses relations de société. Sa charité éclata surtout pendant la peste qui fit à Gênes de terribles ravages. Une vie si sainte mérita à Catherine des faveurs et des grâces particulières. On la voyait souvent, dans la ferveur de son extase, s'élever vers le ciel ; comme si son corps rompant toutes les attaches qui le retenaient à la terre, eût voulu s'envoler vers le lieu de sa conversation et de son repos.

La Germanie avait aussi son séraphin, sainte Gertrude, dont l'influence sur les âmes chevaleresques fut merveilleuse. Son humilité dépassait tout ce qu'on peut penser. Un jour qu'elle était par les chemins, elle dit à Dieu, tout alarmée de la profondeur de son néant : « Ah ! Seigneur, entre tous les miracles que vous opérez, celui qui me semble le plus grand, c'est de voir que la terre soutient une misérable pécheresse telle que je suis ». Dieu qui se plaît à relever la gloire de ceux qui s'abaissent par l'humilité, lui fit cette réponse pleine de douceur et d'amour : « Il est bien juste que la terre vous supporte, puisque les cieux mêmes avec toute leur majesté vous doivent recevoir ». Elle se consolait d'être inutile pour elle-même par la pensée qu'elle pouvait être utile aux autres, s'estimant être dans l'Eglise ce qu'est dans la maison du père de famille un fantôme, qui étant attaché au bout d'une perche ou sur le haut d'un arbre au temps des fruits, ne sert qu'à les conserver en faisant peur aux oiseaux qui viendraient pour les manger.

Cette pieuse Vierge aimait avec transport la Reine du ciel qu'elle appelait sa mère et sa tutrice ; Marie, en retour, la comblait de délices. Elle lui fit connaître que si quelqu'un en la saluant dévotement, la nommait *le lis blanc de la Très Sainte*

Trinité et la rose vermeille qui éclate dans le ciel, elle le comblerait de consolations intimes. Depuis ce temps sainte Gertrude ne cessa d'employer ce salut à l'égard de la Reine du ciel et de le communiquer à ses contemporains. Beaucoup de chevaliers entrelacèrent sur leur blason un lis blanc et une rose vermeille : charmants emblèmes qui leur rappelaient la belle Dame du ciel et sa promesse d'une bienheureuse éternité.

Les autres pays de la chrétienté, la France, l'Espagne, avaient leurs séraphins non moins tutélaires pour les chevaliers de la Vierge. Abrégeons cette énumération par une remarque importante : ces femmes angéliques qui stimulaient le zèle des chevaliers dans le service de la Vierge Marie, n'avaient pas moins de jalousie pour le service de leurs patries respectives. Les chroniqueurs ont enregistré leur belle part d'héroïsme aux côtés des chevaliers. Florine, fille du duc de Bourgogne, mourait en combattant à côté de Suénon, fils unique du roi de Danemark ; Marguerite de Hainaut cherchait parmi les cadavres son mari tué par les Turcs ; une autre Marguerite défendit Jérusalem contre Saladin, et retourna seule en Europe, ne rapportant que son casque, sa fronde et son psautier. Le comte de Blois avait déserté la guerre sainte ; Adèle, sa femme, par ses reproches, le força d'y retourner. Une autre femme qui, au siège de Ptolémaïs, travaillait à combler un fossé, se sentant atteinte mortellement, pria son mari de l'y jeter, pour que son cadavre eût du moins son utilité. Enfin, lorsque les hommes perdirent foi en ces expéditions aventureuses, les femmes de Gênes conçurent la pensée d'aller combattre à leur place.

A la suite.de cette énumération et à la fin de ce chapitre, on est en droit de porter ce jugement d'admiration : la chevalerie a grandi la beauté morale de la femme, la femme a angélisé les hauts faits de la chevalerie, et la Vierge Marie a été le nœud central de ces deux franges d'honneur dans l'Eglise de Dieu.

CHAPITRE IV

Chants d'amour à Notre-Dame.

I. La poésie est le charme de notre exil. Le moyen âge a
débordé de poésie pour chanter sa bonne et belle Dame.
Genre biblique de ce temps-là qui reluit dans les chants
d'amour à la Vierge. Chants d'amour directement bibliques. — II. Chants d'amour des trouvères et des
troubadours. Cause du sensualisme des troubadours.
En acceptant leurs chants, la Vierge a obtenu miséricorde pour les pauvres chanteurs. Quelques-unes
de leurs compositions . — III. L'oreille de la Madone
et les supplications exaucées. — IV. Autres chants irréprochables sur Marie, populaires en France. — V.
Chants d'amour des pauvres. Chants d'amour chez les
autres nations. Noble distraction procurée par tous
ces chants dans la société du moyen âge.

I

La poésie est au Beau ce que la science est au
Vrai, ce que la Sagesse est au Bien. Elle fut peut-
être l'un des premiers dons que le Créateur attacha, dans sa bonté, à la condition présente de la vie
de l'homme, afin de lui donner la force de soutenir
la misère de son exil. Aussi la poésie naît et s'é-
veille spontanément au-dedans de nous pour nous
abreuver de ses délices ; ou plutôt elle passe de
Dieu en nous par les merveilles de la nature, comme
elle passe du poète en nous par les merveilles de
l'art.

Le moyen âge déborda de poésie pour chanter sa bonne et belle Dame ; il la chantait avec cette ambroisie de l'amour divin qu'on appelle onction ; il la chantait avec son imagination et son cœur : merveilleuse floraison de piété et de poésie qui retombait en fruits de vertus et de sainteté. C'était comme une émulation universelle à la célébrer et à l'invoquer. Il restera à l'honneur du moyen âge d'avoir compris que bénie entre toutes les femmes, sainte entre toutes les créatures, Marie est par cela même beauté entre toutes les beautés, grâce entre toutes les grâces ; et que dans une correspondance, une transparence aussi parfaite que celle que lui a offerte Marie, la grâce reluisait en elle comme une vive flamme dans une lampe d'albâtre.

Il n'est pas indifférent de remarquer que ces chants d'amour à Notre-Dame présentent un caractère biblique. Le genre du moyen âge ressemble beaucoup à la Bible : ce n'est pas recherché, c'est simple, plein de naïveté et de poésie. Aussi bien, le moyen âge a admirablement profité de la Bible. S'il est un livre sur la terre qui soit, depuis des siècles, en possession d'un respect universel, c'est assurément la Bible ; l'histoire la revendique comme un recueil des plus précieux documents ; la politique et la législation la consultent comme le plus antique des monuments écrits ; la littérature et la poésie trouvent sur chacune de ses pages le cachet du sublime. Aussi, précédant tous les poètes dans la manière de concevoir et de louer

Marie, la Bible leur en a donné l'exemple en appliquant à Marie toutes les couleurs, tous les parfums, toutes les fleurs qu'elle a pu cueillir dans l'univers. Quoi de plus poétique que ces pages du livre de la Sagesse où l'on devine la Vierge : *Elle est la vapeur de la vertu de Dieu, et l'effusion toute pure de la clarté du Tout-Puissant ; elle est l'éclat de la lumière éternelle et l'image de la divine bonté... Je me suis élevée comme un bel olivier dans la campagne, et comme le platane qui est planté dans un grand chemin sur le bord des eaux. J'ai répandu une senteur de parfum comme la cannelle et le baume le plus précieux, et une odeur comme celle de la myrrhe la plus excellente. J'ai parfumé ma demeure comme la goutte d'encens tombée de l'arbrisseau sans incision. J'ai poussé des fleurs d'une agréable odeur comme la vigne ; et mes fleurs sont des fruits de gloire et d'abondance. Je suis la mère du pur amour, de la crainte, de la science et de l'espérance sainte*[1].

Inspiré par sa foi vive, le moyen âge a donc profité de la Bible pour mieux chanter sa belle et bonne Dame. Chant directement biblique comme celui-ci sur les prophètes : « Isaïe se lève le premier. « Une tige sort de Jessé, dit-il, et une fleur sort de cette tige ». — Qu'est-ce donc que cette Tige, si ce n'est la Vierge ? Qu'est-ce donc que cette Fleur, si ce n'est l'Homme-Dieu, Celui qui a restauré tous les siècles ?

[1] *Sagesse*, VII. — *Ecclésiastiq.*, XXIV.

« Avance maintenant, ô Daniel, avec ton front illuminé, approche et dis : « Voilà, voilà la pierre qui s'est détachée de la montagne et qui a brisé la statue. » — Qu'est-ce donc que cette Montagne, si ce n'est la Vierge? Qu'est-ce que cette Pierre, si ce n'est le Verbe lui-même qui, par sa Loi destinée à durer éternellement, a détruit ici-bas le règne de l'orgueil?

« Voici David dont le nom signifie l'homme puissant par la main. C'est lui, c'est David qui a abattu le fort Goliath avec une fronde et une pierre. Sa foi lui a donné la victoire. Qu'est-ce donc que la fronde de David, si ce n'est la chair dont Jésus s'est revêtu? Qu'est-ce que la pierre, si ce n'est la Divinité victorieuse? Croyez, croyez toutes ces choses, alors même que vous n'en sentiriez pas encore toute la beauté[1]. »

Le moyen âge a eu pour Marie d'autres chants d'amour, moins purs sans doute, mais où reluit encore le genre biblique avec ses couleurs et sa simplicité.

II

Chants d'amour des trouvères et des troubadours.

Les trouvères étaient les poètes de la France septentrionale, les troubadours étaient ceux du midi

[1] Adam de Saint-Victor (Œuvres poétiques d'Adam de Saint-Victor, à la Bibliothèque Nationale).

de la France. Plus graves, plus doctrinaux étaient les premiers ; mais plus entrainants, les troubadours : c'est que la langue provençale est un des plus doux parlers éclos sur les lèvres humaines. Que de chefs-d'œuvre dans leurs chansons, combien charmante et colorée était cette poésie provençale ! Par malheur le démon a fait là son œuvre, comme partout ailleurs, et il a souillé ces beaux vers si harmonieux, si vifs et surtout si chrétiens. Qu'est-ce donc qui rendit les troubadours vaniteux et sensuels ? En relation par le commerce avec le monde entier, perpétuellement en contact avec les Arabes, la littérature provençale s'embellit d'un luxe oriental. Magnificence de comparaisons et d'images, exaltation des sentiments et des idées, pensées ingénieuses et chevaleresques, elle les accueillit avec transport et en fit ses principaux ornements. Mais hélas, en s'appropriant des beautés neuves, elle ne sut pas s'affranchir de la funeste tendance qui a toujours dominé l'Orient. Elle sacrifia au sensualisme ; la volupté, les plaisirs de la nature et l'extase des sens devinrent habitude pour les troubadours. O Marie, s'ils ne vous ont pas considérée comme le modèle de leur vie, ils vous ont pris parfois pour le sujet de leurs chants ; et ils ont trouvé des accents si doux que l'aimable et bonne Vierge a converti presque tous ces pauvres chanteurs. Voici quelques-unes de leurs compositions :

LES QUINZE JOIES DE NOTRE-DAME.

Douce dame de miséricorde, mère de bonté, fontaine de tous biens, vous qui avez porté Jésus-Christ neuf mois en votre précieux sein et l'avez allaité de votre doux lait; belle très douce dame, je vous remercie et vous prie d'adresser pour moi plusieurs demandes à votre fils : qu'il me veuille enseigner lui-même, qu'il me donne de recevoir son benoît corps au profit de mon âme, et, quand cette pauvre âme partira de mon corps, qu'il la veuille recevoir en son saint paradis. *Ave Maria.*

Hé ! très douce dame, au nom de cette grande joie que vous avez ressentie, quand le saint ange Gabriel vous salua et vous apprit cette grande nouvelle que le Sauveur de tout le monde viendrait en vous ; demandez-lui, douce dame, de venir en moi spirituellement. *Ave Maria.*

Hé ! très douce dame, au nom de cette grande joie que vous avez ressentie, quand vous allâtes à la montagne visiter madame sainte Élisabeth, votre cousine, et quand elle vous dit : Vous êtes bénie entre toutes les femmes, et le fruit de vos entrailles est béni ; priez, douce dame, priez ce béni fils de me vouloir aussi visiter et me donner sa bénédiction. *Ave Maria.*

Hé ! très douce dame, au nom de cette grande joie que vous avez ressentie au jour de Noël, quand votre doux fils naquit de vous, priez, douce dame, priez pour que cette nativité bénie me fasse naître en Paradis. *Ave Maria.*

Hé ! très douce dame, au nom de cette grande joie que vous avez ressentie, quand les pasteurs vous trouvèrent en la crèche, vous et votre cher enfant, priez, douce dame, priez pour que je puisse trouver aussi ce Jésus au jour de mon trépassement. *Ave Maria.*

Hé ! très douce dame, au nom de cette grande joie que vous avez ressentie, quand les trois Rois vinrent offrir à votre cher fils l'or, l'encens et la myrrhe, priez, douce dame, priez pour que je puisse offrir mon âme à ce Jésus. *Ave Maria.*

Hé ! très douce dame, au nom de cette grande joie que vous avez ressentie, quand vous avez offert votre fils au temple, et quand saint Siméon le reçut entre ses bras, priez, douce dame, priez afin que Jésus veuille me recevoir entre ses bras au ciel. *Ave Maria.*

Hé ! très douce dame, au nom de cette grande joie que vous avez ressentie quand vous avez perdu votre fils et que vous l'avez retrouvé prêchant à Jérusalem parmi les Juifs, priez, douce dame, priez pour moi, afin que, si j'ai perdu Jésus par mes péchés, je puisse le retrouver par mes bonnes œuvres et mes mérites. *Ave Maria.*

Hé ! très douce dame, au nom de cette grande joie que vous avez ressentie, quand vous avez été invitée aux noces de Cana et que votre doux fils y changea l'eau en vin, priez, douce dame, priez pour qu'il change la mauvaiseté de mon cœur en toute bonté et douceur. *Ave Maria.*

Hé ! très douce dame, au nom de cette grande joie que vous avez ressentie, quand votre doux fils nourrit cinq mille hommes avec cinq pains d'orge et deux poissons, priez, douce dame, priez pour que Jésus veuille gouverner mes cinq sens, et diriger mon entendement et mes œuvres. *Ave Maria.*

Hé ! très douce dame, au nom de cette grande joie que vous avez ressentie, quand, au jour du vendredi saint adoré, votre doux fils souffrit mort et passion pour nous racheter de la mort d'enfer, priez douce dame, priez, pour que la mort de Jésus me préserve de cette mort éternelle. *Ave Maria.*

Hé ! très douce dame, au nom de cette grande joie que vous avez ressentie au jour de Pâques, quand votre doux fils ressuscita de mort à vie, priez, douce dame, priez pour que Jésus me veuille ressusciter de l'état de péché à l'état de grâce. *Ave Maria.*

Hé ! très douce dame, au nom de cette grande joie que vous avez ressentie au jour de l'Ascension, quand votre doux fils monta aux cieux, priez, douce dame, priez pour que Jésus attire à lui, là-haut, toutes mes pensées. *Ave Maria.*

Hé ! très douce dame, au nom de cette grande joie que vous avez ressentie au jour de la Pentecôte, quand votre doux fils envoya le Saint-Esprit en terre à ses saints disciples sous la forme de langues de feu ; quand il les illumina et les embrasa de son amour, priez, douce dame, priez afin que Jésus veuille illuminer et embraser mon cœur pour son service et son amour. *Ave Maria.*

Hé! très douce dame, au nom de cette grande joie que vous avez ressentie au jour de votre Assomption, quand votre doux fils vous emporta aux cieux, qu'il vous mit à sa droite et vous couronna au-dessus de toutes les reines, priez, douce dame, priez-le pour moi, pour tous les pécheurs, pour toutes les pécheresses et pour tous ceux dont il veut être prié, afin qu'il leur donne le vrai pardon et qu'enfin ils puissent monter en Paradis. *Ave Maria*[1].

Autre composition gracieuse :

MARIE ET LA ROSE.

Beauté de la rose, beauté de la Vierge : on a eu raison, ô Marie, de comparer ces deux beautés. La bienheureuse Mère de Dieu est toute belle, et de même que la rose l'emporte en éclat sur toutes les autres fleurs, de même Marie l'emporte en grâce sur toutes les autres vierges.

La rose, cette gloire des fleurs, croît au milieu des épines ; de même la Vierge est sortie des épines du peuple juif.

La rose est double, et plaît par là aux yeux de ceux qui la regardent ; la charité de la Vierge est double aussi, quand elle prie pour nous.

Une belle et agréable verdure est pour la rose un charme de plus, un charme très pur ; Marie, noble mère, a pour parure la chasteté virginale.

La lumière dorée colore merveilleusement la rose ; la sagesse divine illumine Marie.

Les roses rouges nous font penser à ce glaive annoncé par Siméon et qui a percé véritablement le cœur de la Vierge, alors qu'elle partageait véritablement la Passion de Jésus.

---

[1] Bibliothèque Sainte-Geneviève, L. 59, XIVᵉ siècle. Nous avons recueilli cette prière, très populaire au moyen âge, dans le livre de Léon Gauthier, *Prières à la Vierge.*

La rose communique son odeur à tous ceux qui la portent ; la Vierge communique gloire et honneur à tous ceux qui la suivent.

Parure royale, belle Rose, priez pour les péchés de vos serviteurs. Vous êtes la parure de l'Eglise, soyez aussi la parure de mon cœur [1].

En écoutant ces chants d'amour, comment l'aimable Vierge n'aurait-elle pas obtenu miséricorde pour les chanteurs ? Une charmante légende : « L'oreille de la Madone », est demeurée l'apanage de la Provence, pays des troubadours : elle exprime leur confiance en la bonté de Celle qui les écoutait.

III

Une famille provençale, Berzile le père et Caroubie la mère, avait une frêle petite fille appelée Manidette, qui, à l'âge de six ans, tomba si grièvement malade qu'on désespéra bientôt de la conserver.

Caroubie la tenait sur ses genoux ; il lui semblait que la mort ne viendrait pas la prendre dans ses bras ; et elle la serrait convulsivement sur son cœur. Toute blanchie et ridée, Fennète, la grand'mère, se penchait sur ce pauvre petit être, comme pour lui insuffler le peu de vie qui lui restait. La bonne aïeule priait le Ciel de prendre ses jours en échange de ceux de l'enfant bien-aimée. Assis devant le foyer, Berzile regardait avec an-

---

[1] Bibliothèque Nationale, XIIIe siècle.

goisse sa mère qui demandait à mourir et dont la mort ne voulait pas, son enfant qui voulait vivre et que le trépas menaçait. C'était un jour d'hiver terne et pluvieux ; un triste feu s'éteignait sous les ondées qui tombaient par rafales ; la girouette grinçait sur le toit. En ce moment, la porte de la masure s'ouvrit, et le douanier Alabert, à petits pas et retenant son souffle, entra dans la salle basse. Ses habits étaient trempés, et il tenait à la main une coquille appelée dans le pays, à cause de sa forme, l'oreille de la Madone.

La mer étant fort agitée ce matin, dit-il à voix basse à Caroubie, pour ne pas tirer l'enfant de l'assoupissement où elle était plongée, je suis allé voir sur la plage s'il ne s'y trouverait pas quelque oreille de Madone pour porter bonheur à votre Manidette. — Et Alabert donna à la jeune femme le joli coquillage.

— Ah ! merci ! s'écria-t-elle, en le posant bien vite sur la bouche de son enfant. Dis à la Sainte Vierge que tu souffres et prie-la bien, murmura-t-elle en se penchant vers Manidette ; elle t'écoutera si tu sais parler à son oreille.

L'enfant répéta d'une voix faible les mots prononcés par sa mère, tandis que le contact de la nacre fraîche et polie rendait un peu de fraîcheur à ses lèvres brûlantes. Caroubie reprit la coquille et la porta à l'oreille de l'enfant. Personne n'ignore l'espèce de murmure confus qui s'élève d'un coquillage lorsqu'on l'applique contre l'oreille. La fièvre de la pauvre enfant accrut beaucoup ce bruit, et, comme bercée par les sons mystérieux qu'elle entendait, Manidette s'endormit doucement. Sa mère tenait toujours le coquillage sur sa petite oreille chaude et veloutée. Hissés sur la pointe du pied, Berzile, Alabert et Fennète s'approchaient avec précaution pour tâcher de lire sur le visage de la jeune malade la réponse de la Sainte Vierge. Le sommeil de l'enfant se prolongea, ses nerfs se détendirent peu à peu ; sa tête alourdie se dégagea, et, au réveil, on la vit sourire, puis se mettre à jouer avec sa belle coquille rose. Les souhaits de la pauvre famille venaient d'être exaucés : l'enfant était hors de danger ; et chacun s'agenouilla pour remercier la Madone.

L'oreille de la Madone fit de même pour les troubadours. Autrement malades de la fièvre des plaisirs, ils eussent succombé misérablement. Mais la divine et attentive oreille avait retenu les accents de quelques-unes de leurs mélodies, et une nacre céleste se posa sur leur cœur. Des chroniques intimes témoignent que la plupart se convertirent ; plusieurs même firent pénitence dans le cloître.

IV

Au temps des trouvères et des troubadours, il y avait en France d'autres chanteurs dont les mœurs, non moins que les poésies, étaient irréprochables.

Ils se sont plu à grouper, dans de belles tirades, les appellations de confiance et d'admiration que les âmes mystiques vous prodiguaient, ô Vierge Marie.

Citons la suivante :

Mère de l'éternelle lumière, mère de notre salut, mère qui êtes la joie des mères ;

Adoucissement de toutes les douleurs ; apaisement de toutes les angoisses ; enseignement vivant et type de la patience ; idée même de la sainteté ;

Victime immaculée et toute blanche ; sacrifice offert à Dieu, gage des divines promesses ; vous qui ne cessez d'excuser là-haut toutes les fautes, tous les crimes des hommes, vous qui soutenez le monde ;

Hôtesse qui accueillez toutes les âmes errantes ; patrie des exilés ; mort de l'enfer ; salut des cœurs ;

Beauté de la nature humaine, véritable objet de la science des hommes ; courage des combattants, force des athlètes et vigueur des faibles ; bouclier invincible, symbole et trophée de la grande victoire ; proclamation de notre liberté;

Lampe d'or que rien ne pourra jamais ni briser ni éteindre ; nuée lumineuse ; émeraude de pudeur ; joyau du Paradis ; encensoir très précieux et très suave parfum ; chant céleste du rossignol ; torrent de la bonté divine ; océan de grâces ;

Printemps virginal ; parterre de roses ; arc-en-ciel mystique ; douce lumière qui suffisez à éclairer tous les cieux ; char de l'éternel soleil, repos du soir pour les pêcheurs :

Conduisez-moi à l'éternelle béatitude, ô vous qui êtes le chant des anges, et faites que je puisse vous chanter éternellement avec eux.

Ainsi a chanté Adam de Perseigne.

Si bien choisies, si multipliées fussent-elles, ces appellations semblaient insuffisantes, et la tirade était toujours trop courte pour exprimer l'admiration et la confiance que le moyen âge ressentait à l'égard de sa céleste Dame. C'est l'aveu naïf contenu dans un manuscrit du xiiie siècle. « Quand toutes les roches et les pierres bises du Rhône, du Rhin et de la Lys seraient mises en morceaux et détrempées ; quand on en ferait de l'encre ; quand le ciel et la terre tout entiers seraient changés en un beau parchemin tout prêt à recevoir l'écriture ; quand tous les hommes enfin se consacreraient uniquement à écrire la vérité, on n'arriverait jamais, dans tous ces écrits réunis, à rappeler toutes les vertus de Marie. »

Autre chant de confiance, très populaire au xiiie siècle :

On doit honorer la Vierge Marie, on la doit honorer sans retard, et par dessus tout, Vierge douce, Marie, ne nous oubliez mie.

Il n'y a pas un homme, quels que soient les péchés qu'il ait commis et si blessé qu'il puisse être, il n'en est pas un seul qui ne soit bien vite redressé s'il la prie de bon cœur. Vierge douce, Marie, ne nous oubliez mie.

C'est par elle que nous avons toute joie comme tout honneur : car c'est elle qui a porté en son sein le souverain Seigneur de toutes choses. Vierge douce, Marie, ne nous oubliez mie.

Quand Eve eut commis le forfait qui nous donna la mort à tous, c'est elle, c'est cette mère qui vint à notre aide. Vierge douce, Marie, ne nous oubliez mie.

Nous étions en discorde avec Dieu : c'est elle qui nous a remis là-haut en grande seigneurie. Vierge douce, Marie, ne nous oubliez mie [1].

[1] Bibliot. Nat., Fr. 847, xiiie siècle.

V

Trouvères, troubadours, chanteurs plus graves, mettaient leur verve au service des riches et des puissants.

Les pauvres avaient aussi des chants pour Notre-Dame. En ce temps-là les riches et tous ceux qui savaient lire possédaient des livres d'heures ornés d'encadrements et de miniatures splendides. Quant aux pauvres et tous ceux qui ne savaient pas lire, ils s'occupaient durant tout le saint Office à regarder les vitraux qui étaient pour eux comme un catéchisme en couleurs. Or les chants d'amour des pauvres faisaient souvent allusion à ces vitraux. En voici un composé par le poète Villon pour sa vieille mère :

Dame des cieux, reine de la terre et dont l'empire s'étend jusqu'aux marais de l'Enfer, recevez-moi, recevez votre humble chrétienne et faites qu'elle soit mise au nombre de vos élus. Il est trop vrai que je ne valus jamais rien ; mais, ô ma maîtresse, mais, ô ma dame, mes péchés sont moins grands que votre miséricorde.

Je suis une femme toute pauvrette et ancienne ; je suis toute ignorante, et ne sus jamais lire ; mais au moûtier dont je suis paroissienne, je vois de beaux vitraux où le Paradis est peint en couleurs ; j'y aperçois des luths et des harpes, tandis que les damnés sont bouillis dans l'enfer. L'un me fait peur, l'autre joie et liesse. Or, c'est la joie que je vous demande, ô Dame très haute, ô Reine à qui tous pécheurs doivent recourir avec une foi très active et sincère. En cette foi je veux vivre et mourir.

La poésie mariale n'avait pas seulement sa floraison en France ; les bardes du Nord, les chantres d'amour de l'Allemagne, les romanciers espagnols, les gondoliers de l'Adriatique, allaient redisant les vertus, les joies, les douleurs, les grandeurs et lés miséricordes de « la Dame de tout le monde ».

Nous devons nous borner à quelques citations, pour ne pas excéder les limites de ce chapitre. Donnons la parole à un poète de la Hollande, le prodigue et satirique Erasme. Ravi à la contemplation de la Vierge, il célébra ainsi ses louanges, qui lui mériteront les injures de Luther :

Vous êtes plus brillante que l'aurore, vous êtes plus douce que la lune argentée, plus pure que le lis frais, plus blanche que la neige encore intacte, plus gracieuse que la rose printanière, plus précieuse que les rubis, plus douce que le miel, plus suave que la vie, plus élevée que les cieux, plus chaste que les anges. Salut, noble sanctuaire du Dieu éternel, trône sublime de la divinité. Comment donc moi faible vermisseau, osé-je élever les yeux vers vous, qui êtes placée si fort au-dessus des grands de la Cour céleste? Ce qui me donne cette hardiesse, ô Marie, ce n'est point, l'arrogance, mais c'est l'impérieux besoin de ma condition malheureuse, c'est mon affreuse pauvreté, qui me fait dépasser les bornes de la retenue ; c'est votre douceur qui m'inspire du courage ; c'est votre insigne bonté qui me remplit de confiance. Si vous n'étiez qu'admirable, ô Vierge, Mère de Dieu, et si vous n'étiez encore exorable, notre faiblesse n'oserait crier vers vous : mais autant notre bassesse est effrayée par votre majesté, autant elle est ranimée par votre clémence ; autant l'éclat de vos beautés éblouit nos yeux, autant l'ombre de votre miséricorde les repose et les charme. Vous avez enfanté Dieu, et le ciel est dans l'admiration ; mais vous l'avez enfanté pour nous, et les hommes respirent.

Vous avez enfanté Dieu, et la nature en est dans la surprise ; mais vous ne l'avez point enfanté qui tonne, qui lance la foudre ; vous l'avez enfanté qui vagit.

En Italie, à côté des cantiques de saint François d'Assise, il y a les égarements de beaucoup de rimes amoureuses. Mais la Madone veille sur les développements d'une langue qui doit produire Dante et Pétrarque.

En Espagne, l'épopée du Cid Campeador, où ses exploits sont entrelacés à son amour pour Chimène, avait dépassé tout ce que l'Europe entendait de magnanime ; c'était comme la vieille Iliade de l'Espagne. A sa suite fleurirent, en réjetons vigoureux, les romanceros qui se chantaient le long des chemins, sous la chaumière et au seuil des palais. La Vierge del Pilar, libératrice de la péninsule, avait son couplet dans la reconnaissance et la verve espagnoles.

En Allemagne, les *Minnesingers* ou chanteurs d'amour ressemblent aux troubadours de France. On sent de la fraîcheur et de l'habileté dans leurs compositions ; mais ce qui en fait le caractère, c'est surtout une imagination féconde et une tendance singulièrement mystique. On remarque déjà la bonhomie allemande s'alliant avec le sentiment méditatif et la mélancolie.

Tels sont les chants d'amour aux siècles du moyen âge : la Vierge Marie y a la part du lis au milieu des épines. Si le moyen âge n'avait eu pour aliment intellectuel que chants d'amour, romans et fabliaux, c'eût été sans contredit une pauvre littérature ; mais si l'on se représente que tout cela n'était qu'amusement de loisir, récréation pour la masse et les gens inoccupés; que ces lectures et ces mélodies charmaient les ennuis de la vie de château et reposaient les fatigues du peuple, on ne peut s'empêcher d'admirer les nobles sentiments qu'elles inspiraient et les enseignements généreux qu'elles faisaient tomber dans les esprits.

En outre, les *chants populaires* sont l'arche d'alliance entre les temps anciens et les nouveaux ; c'est en eux que la nation dépose les trophées de ses héros. L'espoir de ses pensées et la fleur de ses sentiments ; ils sont la garde du temple des souvenirs nationaux. La toile où le pinceau a étalé ses poèmes vivants, un incendie peut la détruire ; les diamants, l'or et les reliques peuvent être pillés. Le chant, l'hymne sacré surtout, échappe et survit ; il court, il vole de l'homme à l'homme, de la ville à la ville, de la nation à la nation. Le chant populaire ne perd sa vertu que lorsque le peuple substitue l'outrage au respect de ce qui est sacré : c'est alors le signe de la décadence, et le chant se perd et s'oublie, comme la colombe effarouchée qui s'enfuit au fond des bois.

CHAPITRE V

Légendes mariales.

I. Les légendes étaient, au moyen âge, le livre du peuple
par excellence. Les beaux-arts y puisaient aussi les
sujets de beaucoup de chefs-d'œuvre. — II. Charme
des légendes mariales : Les trois chevaliers de Saint-
Jean et la statue de Notre-Dame de Liesse. — III. Le
ménétrier de Notre-Dame et le petit soulier d'or de la
Vierge. — IV. Contre les destructeurs de légendes.

I

Précisons d'abord le nom de légendes.

Ce mot ne signifiait dans les premiers siècles
chrétiens que lecture, ou plus exactement narra-
tion qui mérite d'être lue ; il s'appliquait à la vie
des saints et des martyrs, parce qu'on devait les
lire dans les réfectoires et les communautés.

Dans la suite, les légendes devinrent le livre du
peuple, son livre par excellence. Car elles n'étaient
pas seulement mythiques et idéales, elles reposaient
le plus souvent sur une base authentique ; presque
toujours elles recouvraient de leur gaze légère et
transparente des faits importants, symbolisés par
l'imagination populaire et renfermaient des mines
de documents historiques. Dans la légende, il
y a place pour tous les salutaires enseignements,
pour toutes les leçons de religion et de morale ; et,
ce qui est infiniment attrayant pour le peuple, l'i-

magination s'y joue en végétations de toute espèce,
capricieuses et vagabondes quelquefois, mais toujours bonnes et pures. D'où il suit, que outre leur
utilité, ces légendes sont du plus vif intérêt. C'est
ce qui fait que la légende est, par excellence, le
livre du peuple ; elle l'enseigne et elle le charme,
et c'est en le charmant qu'elle le rend meilleur.

A un autre point de vue, les légendes sont d'autant plus intéressantes que les beaux-arts y ont
puisé autant de sujets que dans la Bible et beaucoup plus que dans l'histoire. En effet, racontées
dans les châteaux et les cloîtres, les légendes étaient
reproduites pour le peuple dans les vitraux et les
fresques. L'architecture en bénéficiait aussi. De
toutes parts, au milieu des villes populeuses, au
sommet des monts solitaires, dans le sein des pai-
sibles vallées, sur le bord des fontaines, dans les
profondeurs des bois, quelque gracieuse légende
faisait éclore d'élégantes chapelles ou de gigantes-
ques cathédrales. Le sentiment religieux appelait
à leur construction des peuples d'ouvriers qui
élevaient ces basiliques imposantes. Les générations suivantes, étonnées de tant de majesté,
croyaient que des êtres surhumains étaient venus
pour les dresser vers les cieux.

II

Après cette vue d'ensemble, attachons-nous aux
légendes qui concernent spécialement la Vierge

Marie ; semées de traits de confiance, de simplicité naïve, et souvent d'héroïsme chrétien, elles réchauffaient la foi et la charité.

Voici d'abord la légende de *Notre-Dame de Liesse*, vieux mot qui veut dire joie.

En l'année 1131, trois chevaliers, trois frères de la maison d'Eppe, étaient en grand renom dans la Palestine. Après des prodiges de valeur dans un combat avec les Sarrasins, entraînés par leur élan dans une embuscade, exténués d'efforts et de blessures, ils furent faits prisonniers, désarmés, liés avec des cordes, et conduits au Caire. Le Soudan d'Egypte admirant leur bonne mine, leur taille imposante, leur force peu commune, et surtout le récit de leurs courageux faits d'armes, fut flatté de recevoir les trois héros. Il leur fit un accueil affable ; et son drogman leur annonça immédiatement qu'il dépendrait d'eux de ne pas regretter ce qu'ils avaient perdu. Les chevaliers comprirent. Ils ne répondirent ce premier jour que par un salut silencieux.

On leur donna une semaine de repos, pendant laquelle ils ne furent que surveillés. Après quoi le prince, s'expliquant sans détour, leur déclara qu'il était porté à les admettre parmi ses chefs favoris ; que, s'ils voulaient renoncer à la foi chrétienne pour embrasser le mahométisme, il leur donnerait dans ses armées les premiers commandements. Là commençait une guerre plus redoutable pour de simples guerriers que celle qui se fait avec la lance, la hache d'armes et l'épée à deux mains : une guerre de l'intelligence désarmée contre la force brutale toute-puissante. Les chevaliers reculèrent en se signant tous les trois. Ils n'étaient ni théologiens ni disputeurs ; mais ils avaient la foi solide, et l'honneur coulait dans leurs veines. Ils répondirent que, comme chrétiens et comme chevaliers, leurs cœurs aussi bien que leurs bras étaient à Jésus-Christ ; que, vainqueurs ou vaincus, triomphants ou martyrs, ils espéraient ne forfaire jamais à Dieu et à l'honneur.

Cette réponse n'irrita pas le Soudan ; il ordonna d'emmener les chevaliers contre lesquels il se promettait de dresser d'autres batteries.

Durant plusieurs jours cependant, il se borna à renouveler ses offres, ses promeses, ses instances. Il ne s'arrêta que lorsqu'il vit les trois frères inébranlables.

Il les fit alors enfermer plus étroitement et les mit aux prises avec les plus habiles docteurs qu'il y eût au Caire. Les docteurs consumèrent leur éloquence et leur dialectique matérielle à préconiser une religion de sensualisme et de mort ; ils échouèrent contre la droiture des chevaliers. Plus furieux que le Soudan, car ils étaient humiliés dans leur orgueil, les docteurs prétendirent qu'on abattrait ces cœurs de fer par des rigueurs. Ils obtinrent aisément pour les trois frères une prison plus dure, une nourriture plus grossière, des chaînes plus pesantes ; de jour en jour la triste captivité des chevaliers de Saint-Jean devint plus affreuse. A peine nourris de quelques poignées d'orge cuite à l'eau, enchaînés dans un cachot sombre, lâchement outragés, ils endurèrent un lent martyre qui dura près de deux ans. Si on les menait au Soudan, ils lui portaient un front plein de sérénité, un cœur libre et joyeux, un regard pur et calme. Le Sarrasin se perdait dans cette énigme ; la merveilleuse persévérance de ces enfants du Christ lui semblait un héroïsme inconnu ; et à mesure que les chevaliers lui résistaient, il s'obstinait davantage à se gagner des cœurs fidèles. Il ne savait pas que, contre lui et ses efforts, contre Satan et ses pièges, s'élevait la prière, si puissante quand la foi est son armure. Les chevaliers priaient ; ils ne demandaient à Dieu que ce qu'il accorde toujours, la grâce de rester ses enfants. Ils le demandaient par ce nom qui fait trembler l'enfer : ils imploraient l'intercession de la Vierge Marie. Le Soudan tenta alors sa dernière lutte.

Il avait une fille, qui s'appelait Ismérie. Elle était jeune, grandement belle, et on la citait comme une merveille d'esprit et de science. Plusieurs fois avec elle il s'était entretenu des chevaliers ; il s'était plaint de leur résistance :

— Mon père, lui disait la princesse, vos docteurs sans doute sont des malhabiles ; ils s'expliquent mal avec leurs interprètes. Je crois que, si vous le vouliez, je persuaderais davantage ces pauvres captifs.

C'est que la belle Ismérie, admirant les prisonniers sans les connaître, désirait voir des hommes
d'un tel caractère.

— Eh bien, ma fille, dit un soir le Soudan,
vous parlerez demain aux chevaliers ; je vous les
livre. Vous irez à leur prison. Vous tenterez ce que
les docteurs n'ont pu obtenir.

Le lendemain, entourée de son éclat, la belle
princesse pénétra dans la prison des chevaliers.
Elle savait un peu de la langue des Francs, qu'une
esclave européenne lui avait apprise. Trop adroite
pour leur annoncer la mission de son père, elle co-
lora son apparition de l'ardent désir qu'elle avait
de connaître des preux si renommés et de les sauver, s'il se pouvait ; car, le peuple demandait leur
mort... Ils remercièrent la princesse de la pitié
qu'elle leur témoignait et du plaisir qu'ils éprou-
vaient de l'entendre parler leur idiome.

Ismérie, touchée de compassion pour de si nobles
hommes, entreprit alors avec bonne foi de les ame-
ner, comme voie de salut pour eux, à la religion
de son père, et de dissiper les préventions qu'ils
avaient contre l'islamisme dont elle exposa les
enseignements. Elle parlait avec une candeur si
naïve, que les chevaliers se sentirent incliner à
sauver l'âme de cette pauvre jeune fille, élevée
dans de fatales erreurs. Après lui avoir demandé si
personne de sa suite n'entendait la langue des
Francs, si elle le permettait, ils lui développeraient
a leur tour leur foi et leurs espérances.

Non seulement la princesse y consentit, mais sans prévoir les suites de ce qu'elle éprouvait, elle manifesta une vive curiosité de connaître réellement le christianisme et d'entendre sur ce sujet des bouches si sincères. Un tel désir sans doute était déjà une première grâce.

L'aîné des chevaliers raconta alors ce que l'Eglise lui avait appris de la création de l'homme, de sa chute funeste et des conséquences qu'elle eut, du Rédempteur promis, du Sauveur fait homme ; de sa passion et de sa mort, de la réconciliation de l'humanité avec Dieu, de la réhabilitation de la femme par la bienheureuse intervention de Marie dans le plus généreux de nos mystères.

La princesse fut émue et, dans le trouble qui agitait son esprit et son cœur, elle promit aux chevaliers de revenir le lendemain. Elle charma son père en lui annonçant qu'elle espérait un résultat de ses conférences, mais qu'elle devait les suivre. Au cours de la nuit, un songe dans lequel elle crut voir la sainte Vierge inclinée sur elle, acheva de gagner son cœur à la foi chrétienne. Les entretiens du second jour ne roulèrent que sur Marie, la Mère des grâces. Les chevaliers se répandirent en si douces louanges et contèrent de si consolantes merveilles, que la princesse, envieuse d'honorer la Mère de Dieu d'un culte pareil à celui des chrétiens, les pria de lui faire une image de Notre-Dame. Les trois frères n'étaient pas plus artistes que docteurs. Cependant, pour ne se refuser à rien

de ce qui pouvait entrer dans les desseins de Dieu,
ils promirent d'essayer la pieuse image, si on leur
donnait du bois et des outils.

Au bout d'une heure ils avaient tout ce qu'il
fallait. L'un d'eux, ayant récité l'*Ave Maria*, se
mit à l'œuvre et dégrossit le bois de son mieux.
Ses frères l'aidaient avec zèle. Tous les trois priaient
Dieu de guider leurs mains et Marie de bénir leurs
efforts.

Ils travaillèrent plusieurs jours, uniquement
préoccupés, dans leurs veilles et dans leurs rêves,
de leur pieuse entreprise. Un matin, quel fut leur
ravissement, lorsqu'à leur réveil ils virent devant
eux la statue qu'ils n'avaient qu'ébauchée, terminée entièrement et radieuse d'élégance et de
beauté !

Cette ravissante image, qui leur semblait lumineuse, leur était-elle envoyée d'En-Haut? Ou
bien, les mains des anges l'avaient-elles terminée?

Les bons chevaliers attendaient impatiemment
la princesse. A l'aspect de la Mère de Dieu, elle
tomba à genoux dans un grand ravissement, et
d'autant plus étonnée que l'effigie qui était devant
elle ressemblait complètement à l'apparition céleste qui l'avait favorisée dans son sommeil. Elle
baisa tendrement les pieds de la sainte image. Les
captifs la nommèrent Notre-Dame de Liesse, à
cause de la joie et du bonheur qu'elle apportait
dans leur prison.

Pendant la nuit qui suivit une journée si heu-

reuse, la princesse eut une seconde vision. La
Sainte Vierge lui apparaissait de nouveau, sous la
même forme. Ismérie crut entendre que Marie
l'engageait à délivrer les chevaliers, à passer en
France avec eux ; qu'elle lui offrait son appui et lui
promettait qu'à la suite d'une vie chaste et sainte
elle recevrait dans le ciel un couronne de gloire
impérissable et d'éternel bonheur. Elle n'hésita pas
Dès que le jour parut, elle courut à la prison des
chrétiens, leur proposa de rompre leurs chaînes
et de tout entreprendre pour leur évasion, s'ils
promettaient de l'emmener avec eux dans un pays
où elle pût embrasser leur foi. Elle leur avoua
qu'elle tentait cette démarche sur l'ordre qu'elle
avait reçu de Notre-Dame. Les seigneurs d'Eppe,
muets de joie et d'admiration, se jetèrent à genoux, rendant grâces à Dieu et à la Sainte Vierge,
jurant à la princesse de la conduire en France au
péril de leur vie, et de mourir plutôt que de l'abandonner.

Le départ fut résolu pour la nuit prochaine.

Dès qu'elle eut fait retirer ses filles, Ismérie,
se chargeant de ses pierreries les plus précieuses,
se rendit sans obstacle à la prison des chevaliers.
Elle y trouva les gardes endormis, ouvrit les portes,
fit tomber les chaînes ; et, sous l'escorte des trois
frères qui emportaient l'image sainte, Notre-
Dame de Liesse leur plus cher trésor et leur plus
sûr espoir, elle gagna les portes de la ville qui
aussi, par un autre miracle, se trouvèrent ouvertes.

Arrivée au bord du Nil, la petite troupe ne put se refuser à reconnaître que Marie évidemment les conduisait. A travers le peu de clarté que donnaient les étoiles, les chevaliers aperçurent une barque qui venait à eux, dirigée par un seul rameur. Il leur offrit de les passer à l'autre rive ; et quand le fleuve fut traversé, Ismérie et ses compagnons, se retournant pour remercier le batelier, ne virent plus ni rameur, ni la barque, et ne purent rendre grâces qu'à leur divine protectrice. Un miracle plus extraordinaire encore allait les favoriser. Voici le fait indéniable, de longues suites de générations l'ont salué.

La princesse et les trois chevaliers marchèrent jusqu'au jour. Alors la fatigue, la crainte d'une poursuite, la peur de quelque rencontre les engagèrent à entrer dans un bois de palmiers pour prendre un peu de repos. Malgré ses inquiétudes et la pensée de son père qu'elle aimait tendrement, Ismérie, accablée, s'endormit bientôt à côté de la sainte image. Les chevaliers se proposaient vainement de veiller sur elle, au moins tour à tour, ils s'assoupirent pareillement et cédèrent au sommeil. Jamais ils ne surent, non plus qu'Ismérie, se rendre compte du temps que ce sommeil avait pu durer. Ce qui les étonna grandement à leur réveil, ce fut de voir sur leurs têtes d'autres arbres que des palmiers : des arbres du nord de la France; d'apercevoir, à travers les clairières, un clocher et des tourelles comme on n'en trouve pas en

Egypte, de respirer un autre air que l'air de l'Afrique.

Ils se frottaient les yeux, se croyant encore sous l'empire d'un rêve ; car souvent ils avaient songé à leur chère patrie. Mais la princesse acheva de les troubler, par la surprise qu'elle montrait devant une fraîche nature qui la frappait pour la première fois, devant un ciel accidenté de nuages que l'Egypte ne soupçonne pas. L'image qui les accompagnait se trouvait placée un peu plus loin d'eux que le lieu où ils l'avaient déposée, et qui n'était plus le même. Elle se trouvait auprès d'une fontaine et que les chevaliers croyaient reconnaître comme un souvenir.

Au milieu de ces émotions, un berger passa conduisant son troupeau. Il était vêtu à l'européenne. Les chevaliers l'appelèrent ; il vint ; il parlait leur langue. Sa figure ne leur était pas étrangère.

Ils lui demandèrent dans quel pays ils se trouvaient.

« Vous êtes, dit le berger, dans le pays de Laon, près des Marches de la Champagne.

Ce bois et cette fontaine, reprit le berger, font partie des domaines des trois seigneurs d'Eppe, qui sont allés en Terre sainte, sous la bannière de Notre-Seigneur. »

Le berger fit le signe de la croix. Il reprit encore : « On assure que depuis trois ans les bons chevaliers sont devant Dieu. Mais, poursuivit-il, vous semblez, messires, à la croix qui se remarque sur vos vêtements en désarroi, revenir vous-mêmes de la croisade. Peut-être nous apportez-vous nouvelles certaines de nos pauvres seigneurs. »

Le berger apercevant la gracieuse image de Notre-Dame de Liesse alla se mettre à genoux devant elle. Les chevaliers l'imitèrent et versant les plus douces larmes de la reconnaissance et de la joie, ils ne savaient comment remercier Notre-Dame, qui devenait pour eux de plus en plus, à chaque pas, Notre-Dame de Liesse. Puis ils se nommèrent, se faisant reconnaître au jeune berger. Celui-ci s'empressa de répandre dans la contrée la nouvelle d'un retour si prodigieux. Tous les villageois accoururent. Les chevaliers et la princesse furent conduits au château de Marchais, qui était un de leurs manoirs. Leur mère, qui vivait encore, faillit mourir de joie en revoyant ses fils qu'elle avait tant pleurés. Elle combla de caresses la princesse égyptienne, qui avait été l'instrument de leur liberté ; elle se chargea de la préparer elle-même au saint baptême ; et sur une prédilection que l'on crut manifestée par la merveilleuse image pour le lieu où elle s'était arrêtée dans le bois, on résolut d'y bâtir son église. Ismérie consacra à cette œuvre d'actions de grâces la plus grande partie des pierreries qu'elle avait emportées.

Dès qu'elle se crut en sûreté, elle envoya un message à son père, pour lui annoncer les prodiges que Marie avait faits pour elle, le rassurer sur sa vie et le prier de se faire chrétien. On ignore ce que produisit cette lettre.

L'église de Notre-Dame de Liesse fut donc sur-le-champ fondée. Pour satisfaire à l'empressement des masses qui venaient de toutes parts honorer la miraculeuse image dont on disait les bienfaits, on la déposa provisoirement sur un petit trône, dans une chapelle rustique, faite à la hâte auprès de la fontaine, en attendant que l'église fût consacrée. L'évêque de Laon, Barthélemy de Vir, prélat vénérable, baptisa la princesse égyptienne ; l'aîné des chevaliers d'Eppe fut son parrain ; elle reçut le nom de Marie, et sa piété persévéra si vive, que, peu de temps après, elle se voua entièrement à Dieu, parmi les vierges saintes.

L'église destinée à la sainte image s'acheva en peu de temps ; le bourg de Liesse se bâtit alentour ; et ce lieu devint un pèlerinage très célèbre.

III

Autre légende très authentique : *Le Ménétrier de Notre-Dame et le petit soulier d'or de la Vierge.*

Au siècle de saint Louis vivait en Alsace un bon et doux chrétien qui jouait merveilleusement d'un instrument qu'on appelait le rebec, espèce de violon à trois ou quatre cordes.

Il jouait surtout avec âme les cantiques de louanges à la Sainte Vierge. On le surnommait le ménétrier de Notre-Dame. Quand ce ménétrier

fut vieux, comme presque tous les artistes, il n'avait
rien amassé. Il parcourait donc la contrée et ses
alentours, jouant et chantant pour conquérir quelque aumône. Ses cheveux étaient blancs, ses habits très râpés, sa voix chevrotait un peu, mais
son archet ne tremblait pas.

Un jour d'hiver, il se dirigeait sur Strasbourg.
Il faisait froid ; faible et vieux, il se disait : Qui
aura donc pitié de ma misère? qui compatira à ma
faim, et qui me donnera un abri sous son toit?
Lorsque j'étais jeune et que je chantais joyeuse-
ment, tout le monde me fêtait. Aujourd'hui tout
le monde semble me dire : Pauvre vieux ménétrier,
laisse dormir ton rebec.

Ainsi gémissant, le vieillard arriva tout près
de Strasbourg, devant une petite église. Il ne man-
qua pas d'y entrer, ce qu'il faisait toujours en
pareille rencontre. Il vit avec joie sur l'autel une
statue richement ornée : c'était l'image vénérée
de la Sainte Vierge Marie. Plein de dévotion et
d'amour pour celle qui est le recours des chrétiens,
il s'approcha de la sainte image, se mit à genoux
devant Elle, et, lui exposant ses peines, il se plaignit de la misère où il gémissait. Il crut bientôt
sentir que la bonne Vierge lui versait des consolations dans le cœur, avec de douces et encoura-
geantes paroles ; et il se mit à pleurer.

Puis, en l'honneur de la divine consolatrice
des affligés, il joua pour Elle sa plus belle musique,
qu'il accompagnait de sa voix redevenue plus

ferme ; et il chantait : « Vous avez connu, bonne Mère, les angoisses de la pauvreté ; vous les avez éprouvées. Quoique pure et sans tache, vous avez eu de dures angoisses. Si mon vieux rebec ne peut plus vous toucher dans les cieux, vous entendez au moins la voix de mon cœur, qui brûle pour vous du plus tendre amour. »

Après avoir chanté ainsi, il se tut. Tout était silence autour de lui ; et il allait se lever pour reprendre son voyage, lorsque la belle statue lui jeta un de ses petits souliers d'or pur.

Le bon ménétrier, le ramassant pieusement, le couvrit de baisers, remercia longuement la Sainte Vierge, et, pressé par la faim, il se hâta d'entrer dans la ville.

A la première auberge qu'il rencontra, il demanda un modeste dîner qui restaura ses forces ; et quand il fallut en solder le prix, comme il n'avait pas d'autres ressources, il présenta le petit soulier d'or pur, en priant l'hôtesse de l'aller changer chez un orfèvre contre des monnaies courantes.

L'orfèvre l'ayant bien considéré, reconnut le petit soulier d'or de Notre-Dame. Les magistrats avertis envoient des archers se saisir du ménétrier accusé de vol. Dès qu'il parut devant le juge, celui-ci l'interpella vivement :

« Où as-tu volé ce petit soulier d'or? »

Une affluence de bonnes gens accompagnait l'humble vieillard.

« Je n'ai jamais rien volé, de toute ma longue vie,

répondit le vieillard ; et ce petit soulier d'or pur,
c'est la Sainte Vierge qui me l'a donné, quand je
lui exposais ma détresse profonde. » Le magistrat
fit un immense ricanement. «A la potence, le vo-
leur! » s'écria le magistrat. «Qu'il soit pendu ! » répéta la foule des bonnes gens. De même qu'on n'a-
vait pas voulu croire à ses serments, on ne lui
donna pas même le temps de digérer un peu l'humble dîner qu'il venait de faire ; et les archers le
conduisirent à la potence.

Le juge s'était si vivement pressé qu'il n'avait
pas songé à lui enlever son rebec. Il l'emportait
tristement sous son bras, en songeant que son fidèle compagnon allait appartenir au bourreau.
Or, il se trouva qu'en cheminant vers le lieu
où se faisaient les œuvres de justice, on dut
passer devant la chapelle où le condamné avait
reçu le petit soulier d'or pur.

Le bonhomme sentit son cœur ému en se retrou-
vant devant le sanctuaire où la Vierge sainte l'avait
secouru.

— O Vierge divine, s'écria-t-il, vous avez souf-
fert aussi de bien grandes douleurs ; voici votre
pauvre ménétrier dans l'angoisse. Il vous offre son
cœur attristé ; ne lui refusez pas votre appui.

Après cette invocation, il demanda, les mains
jointes, aux archers qui le conduisaient qu'il lui
fût permis de jouer encore un air sur son vieux
rebec avant de mourir, un air à la Sainte Vierge
qu'il avait chantée toute sa vie.

Les archers se montraient hostiles à cette prière ; mais la foule qui les suivait insista par de si vives clameurs qu'on s'arrêta. Les masses étaient curieuses de voir quelle figure le condamné pourrait faire devant la Vierge qu'il avait volée ; et en même temps on n'était pas fâché de l'entendre jouer de son rebec.

On le fit donc entrer dans la chapelle.

Aussitôt qu'il se vit devant la sainte image, il chanta à la Sainte Vierge une ardente prière, en l'accompagnant de son rebec. Sa pieuse tenue, ses accents et son rebec tirèrent des larmes de tous les yeux ; et pourtant, quand il eut fini, les archers se disposaient à l'emmener, quand tout à coup la sainte image lui jeta son autre petit soulier d'or pur.

A ce second miracle, qui se fit devant cinq cents témoins, la foule poussa des cris d'admiration, tous dirent : — La bonté de Marie sauve son ménétrier ! les deux souliers d'or sont bien à lui !

Les juges, qui suivaient les archers et le bourreau, pour assister à l'exécution de leur sentence, frappés de repentir, tombèrent à genoux et prièrent Marie de leur obtenir indulgence pour leur précipitation à condamner un innocent.

On reconduisit le ménétrier en triomphe ; il fut fêté et choyé à Strasbourg, où il vécut longtemps encore. Et la ville fit agrandir et enrichir la chapelle qui devint un pèlerinage plus fréquenté que jamais.

IV

Et maintenant n'aurons-nous pas mille fois raison de nous élever contre les destructeurs des légendes?

Savants, faites de la science. Historiens, faites de l'histoire ; mais ne dépoétisez pas l'histoire : car la légende c'est la poésie de l'histoire. Il est par les sentiers de petites fleurs colorées, parfumées. Pourquoi les dessécher et les remiser entre les feuilles d'un herbier? Il ne faut pas que l'esprit scientifique et pratique des générations nouvelles en tue tout l'idéal et le rêve. Des éducateurs réalistes ont déjà sonné la charge contre tout ce qui avait fait le charme de notre enfance : Plus de légendes, — de l'histoire, des faits ! Plus de livres de contes de fées aux enfants, puisque les fées n'existent pas. Mort à l'« oiseau bleu, couleur du temps ». Eh ! quoi, va-t-on semer des légumes là où jusqu'à présent on avait semé des fleurs? Certes, nous ne sommes pas de ceux qui veulent qu'on élève les enfants dans la peur de l'ogre ou du croque-mitaine. Il ne faut pas troubler ces jeunes âmes et leur mentir. Il faut, au contraire, les armer pour la vie, les tremper fortement et leur apprendre à ne rien redouter que leur conscience. Mais pourquoi vouloir à tout prix leur arracher ce qui fait le charme de la vie, la joie de leur enfance, — toutes ces belles légendes de

France qui, la nuit, se glissent à travers les rideaux
des petits lits blancs et caressent les rêves? Eh !
non, les fées n'existent pas, on le sait bien. Mais
ce qui charme la vie de l'enfant, ce sont les mirages
d'azur, les contes de nos aïeux, les visions des
genêts d'or autour desquels dansent les fées sur
la lande bretonne. Non, on ne rayera jamais la légende, poésie de notre histoire et réserve de nos
beaux-arts.

CHAPITRE VI

La scolastique servante de la servante du Seigneur.

I. Le moyen âge, époque de la vigueur de l'esprit chrétien.
Sainteté et humilité des savants en scolastique. Leur
vassalité à l'égard de la Vierge Marie. — II. Albert le
Grand, sa popularité. La fin de sa carrière est un touchant hommage à la Mère de Dieu. — III. Saint Thomas d'Aquin, véritable fondateur de l'édifice éternellement admirable de la théologie scolastique. Place
royale que l'ange de l'école attribue à la Vierge Marie
dans la Somme théologique. Son charmant traité sur
l'*Ave Maria*. La Salutation angélique, tintée trois fois
par jour depuis les croisades, apprend à la scolastique
à se faire la servante de la servante du Seigneur. Superbe éloge du Docteur angélique par les rois, les papes et par Jésus-Christ lui-même. — IV. Saint Bonaventure, Docteur séraphique. Réception de son chapeau
cardinalice, tandis qu'il essuie la vaisselle du couvent.
Première liaison du Docteur séraphique avec le Docteur
angélique. Son livre de l'Aiguillon d'amour en l'honneur de la divine Mère des douleurs. Le Docteur angélique et le Docteur séraphique sont chargés par le
Souverain Pontife de composer l'office de la Fête-
Dieu : tandis que le Docteur angélique donne lecture
de son travail, le docteur séraphique déchire le sien.
Quels hommes dans la scolastique !

I

A côté des chants d'amour, des légendes, et de
tout ce qui est récréation de l'esprit, le moyen
âge a su placer le sérieux, le grand sérieux. La
scolastique en est l'éclatant témoignage.

Remarquons avant tout que le moyen âge fut l'époque de la vigueur de l'esprit chrétien. Avec la jeunesse des nations renouvelées, le savoir prit essor sous quelque forme que ce fût. L'esprit chrétien se jeta hardiment en avant, suivant les voies connues ou bien il en traçait de nouvelles ; rien ne l'effrayait, rien ne comblait cette avidité immense de connaître qui fait le fonds de notre nature et que l'éducation chrétienne développe à un degré si éminent. Les tentatives furent hardies, généreuses : on y reconnaissait une nature supérieure, une force inspirée d'En-Haut. Elles furent prudentes et heureuses, parce qu'elles étaient faites avec un remarquable esprit de droiture et de bonne volonté, avec humilité et soumission.

C'est, en effet, le caractère particulier du moyen âge, de s'être montré toujours simple et croyant, d'avoir sans cesse abaissé son orgueil natif devant les lumières de la révélation et de n'avoir jamais fait un pas dans la science qu'à la lueur et sous la protection de la religion. On croyait alors, on croyait avec une conviction profonde et sincère. Naïve et brûlante était la foi en Dieu, ce sentiment doux et énergique qui donne la paix et le calme. Avec cette foi, le moyen âge remua les montagnes et combla les abîmes.

Autre remarque sur l'école ou le lieu de la scolastique. De l'école, l'intelligence humaine va partir comme l'aigle, et, les ailes ouvertes, monter jusqu'au soleil. Les écoles, déjà accessibles à tous, devinrent plus libres encore : quiconque avait fait preuve de talent et de science, quiconque était habile dans les lettres sacrées et dans la théologie, quiconque savait manier la parole, pouvait se présenter aux étudiants avides ; et si son enseignement était élevé, si son éloquence était entraînante, et surtout si sa doctrine était irréprochable, il était sûr de rassembler autour de lui une multitude empressée. Rien ne gênait cette franche démonstration, cet appel public du talent et du génie. Sur le penchant d'un coteau, à l'entour d'une chapelle ou à l'ombre d'une église, le docteur annonçait à la foule les découvertes de sa pensée.

Après ces remarques d'époque et de lieu, regardons s'avancer ces hauts génies, ces hommes de sainteté et de savoir, les Albert le Grand, les saint Thomas, les saint Bonaventure, illustres docteurs dont le nom seul indique ce que l'esprit humain possède de plus sublime, ce que l'Eglise créa de plus puissant. Avec eux, la scolastique se fait la servante de la servante du Seigneur.

Avant d'énumérer les œuvres théologiques et mariales de chacun d'eux, énonçons un élgoe commun. La gloire de ces anges est dans leur humilité, dans leur piété, dans leur sainteté. Ils sont des « saints », c'est-à-dire des prodiges de dévouement, d'abnégation, de pureté ; ils ne vivent que par l'esprit, que par la vertu, que par l'amour de Dieu. C'est ce sentiment énergique qui les enlève à la terre, qui fait couler leurs larmes, qui les plonge dans d'ineffables extases. Non, il n'y a rien au monde de plus beau que saint Thomas, que saint Bonaventure, qu'Albert le Grand, prosternés au pied de l'autel, contemplant avec ravissement le Verbe fait homme et chantant les louanges de sa Mère immaculée. Il fallait les voir tous, vouant leur âme et leur corps au service de la Sainte Vierge, lui prêtant la foi, l'hommage et le serment de vassalité, et, courageux champions, vengeant contre tous l'honneur de Notre-Dame ; il fallait voir à leur suite les populations, rois, princes et petits, tomber à genoux et tendre leurs mains suppliantes vers la Reine du ciel, vers l'Etoile du matin, vers le Refuge des affligés.

II

Saluons d'abord Albert le Grand, génie supérieur, l'admiration de son siècle ; passant de Cologne à Hildesheim, à Fribourg, à Ratisbonne, à Strasbourg, à Paris, où son nom désigne encore une place au pied de la montagne Sainte-Geneviève, place *Maubert* ou de *Maître-Albert*. Homme universel, ses études avaient embrassé toutes les sciences. Ses contemporains le disaient : *magnus in magia, major in philosophia, maximus in theologia*, grand dans la magie, plus grand dans la philosophie, très grand dans la théologie ; le peuple le regardait comme un magicien, parce qu'il avait des connaissances précises sur les propriétés chimiques des pierres, des métaux et des sels.

Ses légions d'écoliers étaient enthousiastes d'un si grand Maître. Il faisait un jour sa leçon, quand il s'arrêta soudain, comme cherchant avec peine sa pensée et l'expression pour la rendre ; puis, après de vains efforts, il se mit à dire : « Lorsque j'étais jeune garçon, j'avais tant de peine à apprendre que je désespérais de jamais m'instruire. Je résolus donc de quitter les dominicains pour me soustraire à la honte d'avoir toujours à me comparer avec de plus savants. Pendant que j'y pensais jour et nuit, je crus voir en songe la mère de Dieu, qui me demanda dans quelle science je voulais devenir habile, si c'était dans la connaissance de Dieu ou dans celle de la nature. « Dans cette dernière », répondis-je, et elle reprit : « Tu seras ce que tu désires, le plus grand des philosophes ; mais, puisque tu n'as pas préféré la science de mon Fils, il viendra un jour où, perdant même celle de la nature, tu te trouveras tel qu'aujourd'hui. Or, le jour prédit est arrivé, mes fils, et désormais je ne vous enseignerai plus rien ; mais, pour la dernière fois, je professe devant vous que je crois tous les articles du symbole, et je supplie que l'on me donne les sacrements de l'Eglise quand l'heure sera venue. Si j'ai proféré quelque erreur, je la rétracte, et je soumets ma doctrine à la sainte Mère Eglise. »

III

Au nombre des écoliers d'Albert le Grand, écoutait un jeune Sicilien avide de la parole de son maître, mais qui allait devenir plus illustre, plus grand encore que son maître : c'était saint Thomas d'Aquin. Il semblait d'abord ne pas annoncer une grande intelligence, et ses condisciples l'avaient surnommé le *bœuf muet* de Sicile : « Oui, dit Albert; mais ce bœuf mugira si fort, que toute la terre l'entendra.»

En effet, de la puissante méditation du docteur sort l'édifice éternellement admirable de la théologie scolastique. D'un seul coup, saint Thomas se place au faîte des connaissances divines et humaines, et de là il donne le résumé de toute doctrine, la somme théologique. C'est l'aigle qui plane dans les régions de l'infini et du créé avec des ailes de feu. Prodigieux travail, où la science, la foi, toute l'érudition de son temps sont développées sous forme didactique. Aussi la postérité lui décernera-t-elle un surnom incommunicable : «l'Ange de l'École ! » Dans cette synthèse majestueuse, la Vierge Marie occupe la place royale qui lui convient. Que de solides et intéressants articles lui sont consacrés. En outre il composa sur l'*Ave Maria* un traité de quelques pages où se trouve cette expression charmante, le trop plein de la grâce en la Vierge Marie : « O douce Vierge, le trop plein de la grâce avait débordé de votre âme en votre corps, et il y avait encore, il y avait toujours un trop plein qui débordait sur toute l'humanité. Les autres saints ont reçu assez de grâces pour le salut d'un grand nombre d'âmes, mais vous, ô Vierge, en avez surabondamment pour sauver tous les hommes du monde entier ».

L'*Ave Maria* répété trois fois dans la prière de la *Salutation angélique* apprenait à la scolastique à se faire la servante de la servante du Seigneur. En effet, qu'on remarque la subordination de services énoncée dans cette prière que les cloches tintaient trois fois par jour depuis les croisades :

L'Ange du Seigneur annonça à Marie qu'elle enfanterait le Sauveur du monde par l'opération du Saint-Esprit. — C'est l'ange qui se fait serviteur de la Vierge ;

Voici la servante du Seigneur, qu'il me soit fait selon votre parole. — C'est la Vierge qui se proclame servante du Seigneur ;

Et le Verbe s'est fait chair et il a habité parmi nous. — C'est le Verbe, Fils de Dieu, qui s'abaisse et se fait serviteur des volontés de son Père.

En si belle compagnie, la scolastique était heureuse de se faire la servante de la servante du Seigneur ; et plus d'un docteur scolastique accompagnait sa signature de cette formule : *servus ancillæ Dei*, serviteur de la servante de Dieu.

Saint Thomas d'Aquin se montra constamment humble, au point de refuser dans son Ordre toute autre dignité que celle de définiteur. Toujours absorbé dans la contemplation, il lui arriva, un jour qu'il était sur un bâtiment, de ne pas s'apercevoir d'une tempête terrible. Assis à un banquet avec le roi de France, il s'écria tout à coup, en frappant la main sur la table : « Voilà un argument invincible contre les manichéens », et le roi saint Louis, plein d'admiration et de respect pour les pensées du grand homme, fit apporter des tablettes pour recueillir l'argument vainqueur. Quand il fut question de le canoniser peu de temps après sa mort, comme les opposants faisaient observer qu'il n'avait point opéré de miracles, le Pape Jean XXII s'écria : *Il en a fait autant qu'il a écrit d'articles.* Il disait aussi de lui : *Thomas a éclairé l'Eglise plus que tous les Docteurs ensemble, et il y a plus de profit à étudier ses écrits une année qu'à lire toute sa vie, ceux des autres.* Mais voici un éloge qui dépasse ceux qui précèdent en même temps qu'il les confirme. Un jour où le vaillant ouvrier de la doctrine se préparait à couronner sa carrière, en priant à genoux dans l'église de Saint-Nicolas de Naples, tout à coup, comme il prolongeait sa prière, des Frères qui l'observaient aperçurent le saint Docteur qui s'élevait de terre, l'œil ardent et fixé sur un grand crucifix qui semblait l'attirer comme un irrésistible aimant ; puis on vit le crucifix devenu vivant, le crucifié divin s'incliner doucement vers son adorateur, en lui disant : « Oui Thomas, tu as bien écrit de moi : quelle veux-tu

que soit ta récompense ? — Seigneur, répondit
l'immortel docteur, pas d'autre que vous-même !»

IV

La scolastique qui montre en saint Thomas d'A-
quin son docteur angélique, s'honore de posséder
en saint Bonaventure son docteur séraphique. Le
mysticisme répandu dans les ouvrages de ce grand
théologien et l'élévation de ses pensées lui ont
valu ce titre de docteur séraphique. A l'âge de
quatre ans, pris d'un mal subit, il allait mourir,
lorsque sa pieuse mère courut vers saint François
d'Assise tout en larmes, et le supplia de sauver son
petit ange, promettant de le consacrer à Dieu, sous
la robe franciscaine. Le sublime pauvre d'Assise
le prit dans ses bras et l'éleva vers le ciel en s'é-
criant : *O buona ventura !* Oh ! la bonne rencontre !
Depuis ce jour, le cri de saint François devint le
nom nouveau de l'enfant prédestiné à tant de gloire.
Il était si pur que son maître le croyait délivré de
la tache originelle. Quant à son humilité, elle se révèle tout entière dans ce trait. Il avait été créé évêque d'Albano et cardinal par Grégoire X. Le
nonce du Pape lui apporte le chapeau cardinalice.
Bonaventure était occupé à laver la vaisselle du
couvent. Le bon saint, sans trouble aucun, prie le
nonce et sa suite de poser le chapeau rouge sur la
branche d'un cornouiller qui se trouvait là, et de
lui laisser le temps d'achever son humble office.

« Mes frères, ajouta-t-il, je viens de travailler en religieux pauvre, Dieu sait avec quelle douce joie ; maintenant, vous m'apportez l'insigne d'une illustre dignité, qui me paraît bien périlleuse, et me fait trembler. Dieu me soit en aide ».

D'une pareille âme séraphique, on devait s'attendre à voir sortir des tendresses charmantes pour la douce Mère de Dieu : on ne se trompait pas. Son opuscule, *Aiguillon du divin amour*, mériterait d'être rapporté en entier. En voici des paroles embrasées déjà citées plus haut, encore plus savoureuses à une seconde lecture :

O ma très douce avocate, Vierge mère du cher époux de mon âme, où étiez-vous quand, pour l'amour de moi, Jésus souffrait si dure passion? N'étiez-vous point au pied de la croix? Certes, mais bien plus encore : vous étiez crucifiée *en esprit sur cette croix avec votre fils. Et il n'y avait* d'autre différence entre ces deux crucifiements, sinon qu'il était crucifié de corps, et vous de cœur. Et quelque séparées *que fussent alors les plaies de sa chair, elles étaient en* quelque manière réunies et fondues en une seule dans votre cœur si douloureux et aimant. Ce cœur, ô ma douce Dame, était véritablement *couronné d'épines, cloué et attaché* de trois gros clous, abreuvé de fiel et de vinaigre, couvert de sang, outragé, tailladé, transpercé. Et le saint Evangile *se sert de ce dernier mot lorsqu'il dit que le glaive de la* douleur vous transperçait le cœur très cruellement à cause de votre cher enfant. O ma douce Dame, pourquoi vouliez-vous alors mourir, et mourir pour moi. La mort du fils ne suffisait-elle donc pas, si la mère n'était aussi crucifiée !
O ma très sage Dame, pourquoi n'étiez-vous pas demeurée solitaire en votre chambre? Pourquoi étiez-vous venue à cette montagne du Calvaire? Ce n'était ni votre coutume, ni votre état d'aller en tel lieu de confusion et de honte? Pourquoi rien n'a-t-il pu vous retenir, ni votre pudeur vir-

ginale, ni la peur naturelle aux femmes, ni l'horreur d'un tel crime, ni la honte de voir votre fils en croix, ni le soin de votre honneur et la crainte d'être appelée la mère d'un pendu, ni le caractère infâme d'un tel lieu, ni la crainte de pleurer ainsi tout haut et publiquement, ni la multitude de vos ennemis, ni la méchanceté des Juifs qui pouvaient enfin vous crucifier avec votre fils?

Hélas ! hélas ! ma douce Mère, retournez bien vite en votre chambre pour que je ne vous perde point avec votre fils. Eh quoi me consolerait si j'étais encore orphelin de vous, qui me consolerait de la mort de Jésus? Ne laissez pas ainsi mon âme toute seule et « déconfortée » ; ne me laissez pas ainsi mourir.

Mais, ô très douloureuse Mère, je sais bien que vous ne voulez pas m'écouter ; je vois que vous ne pouvez tenir aucun compte de mes plaintes. Car vous êtes tellement accablée de douleurs que votre entendement et votre cœur sont tournés absolument en la passion de votre cher fils.

Au moins, je vous supplie humblement, ô ma douce avocate, d'unir, conjoindre et attacher très solidement mon cœur aux précieuses plaies de Jésus, où je désire faire ma demeure. Et vous aurez au moins la consolation de n'être plus seule en votre amour.

Je ne vous demande ni or, ni argent, ni délices mondaines, ni honneurs, ni richesses : je vous demande uniquement plaies et douleurs. Ne me les refusez point et priez pour moi [1].

Ce fut à Paris que saint Thomas d'Aquin rencontra saint Bonaventure ; ces deux grandes âmes se comprirent et s'aimèrent au premier coup d'œil, et ce fut pour toujours. Ils se visitaient avec une douce cordialité, et l'on sait la charmante parole de saint Thomas à cette occasion. Comme il entrait un jour au couvent des Frères Mineurs, il

____

[1] *L'Esguillon d'Amour divine,* lequel fist bonne aventure (Bibl. Nation., Paris, Fr. 327, xvᵉ siècle).

aperçut Frère Bonaventure assis au fond de sa cellule dont la porte se trouvait ouverte, et écrivant avec un recueillement profond la vie de saint François d'Assise. Il s'arrêta un instant à le contempler avec amour, puis il dit en souriant : « Laissons le saint écrire à la gloire du saint ». Un autre jour, c'était Frère Bonaventure qui venait visiter Frère Thomas, et qui, dans la simplicité cordiale de son amitié, lui disait : « Et quel est donc le livre, mon doux Frère, où vous puisez les belles choses que tout le monde admire? — Voilà mon grand livre », répondit l'Ange de l'École, en montrant à son illustre ami un grand crucifix.

C'est dans l'amour du Très saint Sacrement que l'amitié du Docteur Angélique et du Docteur Séraphique forma son nœud le plus suave. La bulle instituant la Fête-Dieu venait d'être promulguée. Mais à la solennité nouvelle il fallait une liturgie digne de sa splendeur : il fallait des hymnes de louange et d'adoration au plus auguste et au plus tendre des mystères. Il fallait donner une voix à la foi et à l'amour des peuples. Qui trouvera ces accents simples et sublimes, pleins de lumière et pleins de cœur, qui sauront chanter la prière universelle et, de l'Orient à l'Occident, célébrer le grand triomphe que l'Église veut offrir à son Dieu ? Le Souverain Pontife confia conjointement à saint Thomas d'Aquin et à saint Bonaventure le soin de composer l'office du Très Saint Sacrement. Quand le double travail fut terminé, ils se présentèrent ensemble devant le Pape Urbain. Le Pontife donna d'abord la parole à saint Thomas d'Aquin.

Alors, pour la première fois, on entendit les strophes incomparables de l'*Ecce panis* et du *Pange lingua*, qui devaient ravir les lèvres et les âmes de tant de générations à genoux devant la rayonnante hostie ; puis les tendres supplications de l'*O salutaris hostia ;* puis l'ineffable élan de l'*Adoro te devote*, qui traduirait tant de ferveurs angéliques au pied du tabernacle.

Tandis que Thomas d'Aquin faisait la lecture de son travail, le Souverain Pontife et Frère Bonaventure pleuraient d'admiration.Lorsque le fils de saint Dominique eut achevé, ce fut le tour de son émule en génie de parler. Mais Frère Bonaventure n'avait plus rien à lire. Qu'était-il donc arrivé? Tandis que Thomas d'Aquin lisait sa composition sur l'office de la grande fête, Frère Bonaventure, ravi d'admiration, déchirait lentement sous les plis de son manteau franciscain le manuscrit qu'il avait apporté.

Quand le Docteur Angélique eut fini de lire, le manuscrit était en miettes : perte irréparable ! Que de tendresse, que de beauté avaient dû sortir de la plume du Docteur Séraphique.

Voilà les hommes de savoir, de sainteté, d'humilité, que la scolastique produisait au moyen âge : lorsqu'au xxe siècle de l'ère chrétienne le

Pape Léon XIII voudra produire des hommes forts en face de la guerre acharnée déclarée de toutes parts à l'Eglise de Dieu, il ne balancera pas à ramener la scolastique dans toutes les écoles catholiques comme la défense la meilleure.

Invincible Vierge Marie, n'est-il pas juste d'étendre à la Somme théologique de l'Ange de l'Ecole cet éloge décerné à vos propres victoires : qu'elle est ordonnée comme une armée rangée en bataille, *tanquam castrorum acies ordinata*[1].

[1] *Cantiq.*, vi, 3.

Reine de beauté par *Jésus* qui est sa couronne. Elle est au ciel couronnée de son propre Fils, puisque, suivant une touchante manière de dire, les enfants sont la couronne de leurs pères et de leurs mères. Oh ! si Jésus lui-même est couronne, quelle ne doit pas être la beauté de sa mère?

Reine de beauté enfin par les *communications de la Très Sainte Trinité.* Ici on ne peut pas même balbutier, rien soupçonner. Le cœur de l'homme ne soupçonne pas la récompense des élus, comment soupçonnerait-il ce qu'est la Vierge au sein de la Sainte Trinité? Ce sont des torrents de gloire, des torrents de feu : la beauté increéée est devenue, par communication, la beauté d'une créature !

Telle est, dans une lointaine nuée lumineuse, la beauté de la très sainte Vierge. Parfois cette lumière s'est rapprochée, s'est proportionnée à nos faibles sens ; et il a été donné à des âmes privilégiées, presque toujours innocentes, de voir la Vierge Marie. Elles ont vu ce front, sur lequel les étoiles tressaillent en se posant en diadème, ces yeux si doux qu'ils ne laissent jamais tomber que des regards de miséricorde, ce sourire auprès duquel celui de la nature, quand l'aurore la blanchit et la dore, n'est qu'un pâle reflet. Elles ont vu, et n'ont pas été effrayées. Je le comprends. Sous la loi ancienne, loi de crainte, lorsqu'on voyait un ange, on tombait la face contre terre en disant : *J'ai vu Dieu et je vais mourir.* Mais sous la Loi d'amour, toutes les fois que des yeux innocents ont

vu la Vierge Marie, il sortait ensuite de leurs cœurs
ce cri de transport : J'ai vu ma tendre mère,
je voudrais la revoir encore, la revoir toujours !

Qu'on nous permette d'introduire encore, à la
suite de cette énumération, une naïve légende du
moyen âge qui apprend à quel prix un jeune religieux bénédictin se procura le bonheur de voir dès
ici-bas la Vierge Marie.

Entré plein de ferveur au noviciat d'un monastère de Bénédictins et initié dès sa plus tendre
enfance à un abandon d'amour à l'égard de sa
divine Mère du ciel, il se plaisait à contempler son
image, ornement de sa cellule. Un jour il s'écrie
dans un saint transport : « O mère, pour vous
voir dès ici-bas, je serais prêt à tous les sacrifices. »
Une voix lui répond : « Je suis ton ange gardien.
La Reine des cieux a entendu ton soupir. Contempler sa beauté ineffable est chose difficile pour
des yeux mortels. Consens-tu à devenir aveugle
après le ravissement de cette vision? » Le jeune
religieux répond : « Mes yeux sont à Elle, comme
mon cœur. » L'ange reprend : « Va donc demain
à l'aube du jour, dans la chapelle de la forêt, tu
te mettras en prière et le ciel s'ouvrira. »

La nuit vint, et le novice dormit d'un profond
sommeil.

Au matin, tandis qu'il faisait ses préparatifs de
sortie, il devint rêveur. Pourquoi donc? A l'espérance de la vision béatifique se mêlait une amer-

tume : il allait perdre la vue! Il se disait à lui-même :
« Tu es bien jeune pour tomber dans ce triste
état... Que pourras-tu faire à l'avenir? sur quoi
ton zèle entravé par la cécité pourra-t-il s'exercer? »
Soudain, un éclair de joie illumine son visage :
« J'ai trouvé! s'écria-t-il, je ne regarderai que
d'un œil, je fermerai l'autre. Et satisfait de son
idée stratégique, il chemine et arrive à la chapelle
de la forêt. Il s'est mis en prière, profondément
ému. Voici que la chapelle se remplit d'une odeur
céleste. La Reine de toute beauté descend, entourée
d'une troupe angélique. Oh! qu'elle était belle!
Le jeune bénédictin élançait le regard d'un œil
grandement ouvert vers Celle dont il est écrit au
Cantique sacré : *vous êtes toute belle, mon amie, et
il n'y a pas de tache en vous.* Le regard de cet œil
était ravi, plongé dans l'extase. Une de ses mains
s'était portée sur l'autre œil, pour le mettre à
l'abri de la vision.

Lorsque cette vision béatifique eut cessé avec la
Reine remontée dans les cieux, l'œil abrité par la
main s'ouvrit avec sa clarté habituelle ; quant à
l'œil qui avait vu, il était couvert du voile de la
cécité.

Mais alors, à l'extase, succèdent des regrets in-
définissables. Si la beauté de la divine Vierge a
laissé dans l'esprit et le cœur du jeune bénédictin
une impression inénarrable, que serait-il advenu
si ses deux yeux l'avaient contemplée tout à leur
aise. Il lui semblait que, sur le visage de la divine

visiteuse, il avait remarqué un air de tristesse ;
bref, les remords affluent dans son âme. Il se sou-
vient de cette sentence enregistrée dans l'Evangile :
*si votre œil vous scandalise, arrachez-le, si votre
main vous porte préjudice, coupez-la.* S'appliquant
ces paroles sévères il regarde avec dédain sa main
coupable.

Rentré dans sa cellule, il passe des journées sans
courage, et des nuits sans sommeil. Son bon ange
gardien en eut pitié, et il revint porteur d'un second
message de la Reine du ciel : « Retournez dans la
chapelle de la forêt ». Du soir au matin ce fut une
série ininterrompue d'actes d'amour et de réparation.

Lorsqu'il fut dans la chapelle, ses mains se joignirent suppliantes et ses yeux s'ouvrirent avec
ampleur, l'un aveugle, l'autre lucide et repentant.
L'extase ne se fait pas attendre, et Celle à qui le
soleil sert d'écharpe de lumière se montre dans
toute sa beauté, souriante, attendrissante. Oui
vraiment, elle attendrit : des yeux du jeune bénédictin coulaient des larmes de joie, de reconnaissance; il contemplait, il remerciait, il s'enivrait de
délices. Quand l'extase eut cessé, quel ne fut pas
son étonnement : il y voyait ! Non seulement l'œil
qui avait été offert en sacrifice ne s'était point
couvert du voile de la cécité, mais l'autre devenu
aveugle dans la contemplation primitive avait recouvré sa lumière. Il voyait de ses deux yeux.

L'heureux serviteur de la Vierge Marie comprit

alors une belle leçon de générosité, car la sainte Ecriture qui lui était familière offrit encore ce texte de l'Evangile à sa mémoire : *celui qui aura perdu sa vie pour l'amour de moi la retrouvera*, ce qui veut dire : qui est généreux en sacrifice en reçoit toujours la récompense, et qui croit perdre au service de la douce Vierge Marie, gagne le double, le triple, le centuple.

II

De l'ineffable beauté passons à l'intarissable bonté : la Dame des nations, avons-nous dit, est aussi Reine de bonté.

Qu'est-ce que la bonté? C'est une suave disposition qui fait qu'on s'incline avec empressement vers ceux qui sont inférieurs ou qui souffrent. Oui, quand on est bon, on s'incline vers ceux qui sont inférieurs ou qui souffrent, on en a pitié, et alors on met tout en œuvre, on emploie tout son crédit pour leur venir en aide et les soulager. Voilà bien la bonté.

N'est-ce pas ainsi que Marie est bonne, mille et mille fois bonne, souverainement bonne, reine de bonté. Elle a un sourire et une charité qui n'appartiennent qu'à Elle ; et avec ce sourire et cette charité elle s'incline vers ceux qui sont inférieurs, — et nous sommes tous inférieurs, — vers ceux qui souffrent, — et nous souffrons tous ! — et elle nous distribue ses bontés inépuisables.

Les chroniques témoignent qu'au. moyen âge chaque nation européenne pouvait se flatter d'avoir chez elle des salles d'audience où la Reine de bonté écoutait toutes les plaintes, toutes les demandes tant les miracles étaient nombreux, tant les bienfaits s'épanchaient de son cœur et de ses mains.

Bienfaits dans l'ordre physique. — Que de guérisons où la bonne Vierge se montrait vraiment *recréatrice.* Elle recréait d'une double manière : en donnant à de pauvres infirmes une nouvelle existence ; et elle recréait aussi en réjouissant, en insinuant une douce résignation, parce que, comme dit l'Écriture, la douceur de l'âme est la santé des os, *dulcedo animæ sanitas ossium.* O belle et bonne Dame, quels cris de reconnaissance les vieilles chroniques du moyen âge ont enregistrés, où les malades, les infirmes, les estropiés, les attristés vous remerciaient les uns pour les avoir recréés dans leur pauvre corps par un don de santé, les autres de les avoir également recréés dans leur âme par la joie, par le contentement du cœur. Au chapitre de la construction des cathédrales, n'avons-nous pas montré qu'il y avait un peu partout une végétation de miracles et de bienfaits marials, prélude à la grande faveur de Lourdes.

A côté des bienfaits de Marie dans l'ordre physique, il y avait ses bienfaits dans l'ordre moral.

— Ils peuvent se résumer dans le don de magnanimité. Que signifie la magnanimité? D'après l'étymologie du mot dérivé du latin *magna anima,* elle signifie : avoir une grande âme. Etre magnanime, c'est faire les choses pour Dieu avec ampleur, c'est faire grand ! Il y a tant d'âmes petites, basses, mesquines, qui calculent avec Dieu ; les âmes magnanimes ne calculent pas, elles ne font rien à demi, elles ont des vues grandes et de larges ailes comme les aigles. C'est si bon de sentir des ailes à son âme.

Cet essor des grandes ailes, la belle et bonne Dame des Nations le faisait déployer, au moyen âge, dans toutes les sphères du vrai, du bien et du beau. N'est-ce pas à cet essor qu'on était redevable des croisades, de la chevalerie, des travaux de la scolastique? Les beaux-arts ne veulent pas rester en arrière de cette envolée magnanime ; dédaignant les chemins battus, ils vont trouver des procédés nouveaux pour célébrer à l'envi la Reine de beauté et de bonté. Nous allons assister à un défilé superbe.

CHAPITRE VIII

Continuation du chapitre précédent.

I. A la Vierge Marie, les beaux-arts sont redevables d'un idéal céleste, où l'expression l'emporte sur la forme ; dans l'art antique ou païen, la forme l'emportait sur l'expression et formait un écueil à la vertu. Citation du comte de Maistre sur l'idéal céleste. Les beaux-arts vont se servir de cet idéal céleste pour chanter leur aimable Souveraine. — II. L'architecture passe en premier dans le défilé marial. Elle offre à la Vierge ses merveilleuses cathédrales. Récapitulation des beautés qui les constituent. L'architecture offre également à la Vierge d'autres utiles constructions sur les rivières. Saint Benezet fonde l'association des Frères Pontifes. Du point culminant de la ville d'Avignon, Notre-Dame des Doms contemple le Rhône dompté sous les larges piles du Pont-Saint-Esprit. — III. La sculpture qui s'est appliquée à orner les cathédrales de Marie est bénie par elle dans ses autres travaux. En Italie, le corps des marchands rivalise avec les princes pour embellir les édifices publics ; bas-reliefs d'un goût exquis. En France, en Irlande, le ciseleur Totilo faisait école. Comment la douce Vierge avait aidé, un jour, son habile ouvrier. — IV. Vient la peinture. Le premier tableau de Fra Angelico. Son autre composition « la Ronde des élus à la porte de la Jérusalem céleste ». Colloque de saint Antoine de Padoue avec Fra Angelico sur le sourire de la Vierge Marie. Raphaël, l'apothéose de Dante dans les chambres de Raphaël au Vatican. — V. A la peinture en couleurs, le génie des arts donne une auxillatrice dans la peinture en mosaïques. Deux écoles de mosaïques, l'une à Rome, l'autre à Florence, compositions gracieuses où la Vierge Marie fait du bien aux âmes au milieu des lis et des colombes. — VII. Miniatures et enluminures. Elles étaient confiées à des moines ou des hommes de vie intérieure. Sentences bibliques qui encourageaient leurs petits chefs-d'œuvre. Exquise miniature du visage de Marie. — VII. Trois cités de Dieu, Jérusalem de David, Jérusalem des cieux, et la virginale Mère de Jésus. L'orfèvrerie s'inspire de leur beauté pour offrir des diadèmes à Marie et couvrir d'or et de pierreries ses statues et ses chapelles. — VIII. La musique couronne les louanges et les applaudissements des beaux-arts devant la beauté et la bonté de la Dame des nations. Harmonieuse mélodie du moyen âge : les harpes des Irlandais ; saint François d'Assise, chantre immortel de l'Ombrie ; le *Stabat* de Pergolèse. Voix puissante de l'orgue : émotions profondes qu'elle produit dans l'âme ; la Vierge Marie, musique très savante en la science du salut s'insinue dans ces émotions. Le despotisme et le matérialisme se sont toujours efforcés de corrompre les beaux-arts, mais en les protégeant, la Reine de beauté et de bonté est aussi Reine de liberté.

I

A l'Immaculée Vierge Marie, mère de Dieu, les beaux-arts sont redevables d'un idéal céleste, et dans les siècles de foi du moyen âge ils l'ont tous reconnu et observé. Quel est donc cet idéal céleste ? Il consiste en ce que l'*expression* l'emporte sur la *forme*. Dans l'art antique ou païen, la forme, forme trop souvent séduisante et séductrice, faisait oublier l'expression et, par cela même, retenait les

14.

cœurs captifs dans les liens de la chair et du vice. Avec le christianisme, les conditions de l'art furent interverties, ses pôles furent, pour ainsi dire renversés. La forme était la maîtresse, elle devint la servante. L'expression prévalut. L'art passa de l'extérieur à l'intérieur; il devint spirituel, animé, et animé d'une vie supérieure, d'un souffle surnaturel. Au lieu de nous attacher à ses formes et par elles à la partie sensible de la nature où il les puise, au lieu de nous retenir dans ses filets et de nous y énerver, il eut pour effet de nous recueillir, de nous détacher de ce foyer sensible par la spiritualité de ses œuvres.

Auguste Vierge Marie, c'est à vous qu'on est redevable de cette révolution artistique. Il y a une sympathie intime entre la beauté et la pureté : ce qu'il y a de plus pur est essentiellement ce qu'il y a de plus beau. La religion du Fils de Dieu né de la Vierge mère étant la religion la plus pure, et d'une pureté qui, dans cette Vierge Immaculée, s'élève jusqu'au prodige, est la religion de la beauté. De là cette alliance constante de pureté autant que de beauté dans les expressions du culte de Marie : *Columba mea, immaculata mea, formosa mea* [1] ; ma colombe, ma toute pure, ma toute belle.

Avides de reproduire cette alliance de la pureté et de la beauté, tous les arts au moyen âge font prévaloir l'expression sur la forme, et même,

---

[1] Cantique des cantiques et offices de la Vierge.

idéalisant la forme, y font resplendir un beau céleste. Le comte de Maistre exprime en ces termes
cette suave révolution : « L'art antique avait
senti et rendu un certain *beau idéal ;* le Christianisme exigea un *beau céleste,* et il en fournit des
modèles dans tous les genres : ses vieillards, ses
jeunes gens, ses enfants, ses femmes, ses vierges,
sont des êtres nouveaux qui semblent défier le
génie. Saint Pierre recevant les clefs, saint Paul
parlant devant l'aréopage, saint Jean écoutant les
trompettes, ne laissent rien à désirer à l'imagination tout à la fois la plus brillante et la plus sage.
La beauté mâle dans sa fleur respire dans la figure
des anges; en eux se réunit la grâce sans mollesse
et la vigueur sans rudesse. Ils ont la beauté des
deux sexes, et cependant ils n'ont point de sexe.
Le goût même se croirait coupable s'il y pensait.
Une éternelle adolescence brille sur ces visages
célestes; jamais ils n'ont été enfants, jamais ils ne
seront vieillards ; en les contemplant, nous avons
l'idée de ce que nous serons, lorsque nos corps se
relèveront de la poussière pour n'y plus rentrer.
L'enfance surnaturelle se montre déjà dans ces
inimitables chérubins placés au-dessous de la Reine
des anges dans l'un des plus beaux tableaux de
Raphaël. Ces têtes sont pleines d'intelligence,
d'amour et d'admiration. C'est la grâce des amours
fondue dans l'innocence et la chasteté. Mais tous
ces efforts de l'art ne sont que des préparations et
comme des degrés qui doivent élever l'artiste jus-

qu'à la figure de l'*Enfant-Dieu*. Le voyez-vous sur les genoux de sa Mère? Elle embrasse son Créateur qui lui demande du lait. La *parole éternelle* balbutie ; elle joue, elle dort ; mais le *Verbe* qui se rapetisse pour nous en voilant sa grandeur, n'a pas voulu l'éclipser. Le nuage qui couvre l'astre, épargne l'œil sans le tromper, et jusque dans les moindres traits de l'enfance mortelle on sent le Dieu. »

Tel est cet idéal céleste, composé de pureté et de beauté, que la Vierge Marie mère de Dieu a insinué dans les beaux-arts : à leur tour ils vont s'en servir pour chanter sous toutes les formes leur aimable souveraine. Le défilé commence.

II

L'architecture passe la première, offrant à Marie ses merveilleuses cathédrales au style gothique. Après les avoir beaucoup admirées dans les chapitres qui précèdent, nous récapitulons ici notre admiration.

La cathédrale n'est pas un amas confus, une agrégation pesante comme les pyramides ; c'est un poème, c'est une harmonie immense, c'est un drame qui compte ses statues et ses personnages par myriades, qui commence à la Nativité de la Sainte Vierge et se termine au dernier jugement, ou bien qui prend l'humanité à son berceau entre les mains du Créateur, pour la mener à travers une longue procession de patriarches, de rois, de saints, de martyrs, jusqu'à cette péripétie redoutable du dernier jour, jusqu'à la joie des élus, jusqu'aux angoisses éternelles des damnés [1].

Quelle merveille qu'une de ces majestueuses nefs lancées à quatre cents pieds dans les airs, toute parée de ses guirlandes de fleurs, toute percée de ses lumineuses ogives, toute vivante de ses innombrables statues, élevant ses flèches aiguës comme un soupir d'amour et de reconnaissance, portant au front la glorieuse bannière du Christ, signe de salut et de rédemption, et étendant sa grande ombre protectrice sur la cité agenouillée à ses pieds ! Que de pensées, que de poésie répandues dans tous les membres de ce vaste corps, sur ses corniches, sur ses chapiteaux, dans ses verrières inimitables, dans ses galeries, dans ses tours, jusque dans les angles les plus obscurs! Que de vies humaines enfouies sous ces sculptures miraculeuses, que d'âmes humbles et ardentes usées pour la gloire de Dieu à des travaux ignorés, à de mystérieux labeurs ! Qui dira le nom de tant d'hommes au génie exalté, dont la pensée concevait le plan des cathédrales de Paris, de Reims, de Magdebourg, de Cologne, d'Arles, de Chartres, le plan de la sainte Chapelle et de tant d'autres sanctuaires? Il fallait des siècles pour réaliser leur création ; des générations entières se renouvelaient en apportant

---

[1] Le jugement dernier est un sujet répété dans presque toutes les cathédrales du treizième siècle.

chacune sa pierre à l'édifice géant, et, pour toute récompense, pour tout bonheur en ce monde, l'architecte demandait la faveur d'être enterré au seuil de son église ; et bien souvent, sous la pierre sans nom, ses ossements oubliés avaient blanchi avant que l'œuvre fût à demi consommée.

Ils resteront toujours, ces indestructibles chefs-d'œuvre de l'art gothique, ils resteront comme un témoignage du passé, comme un espoir de l'avenir ! Le souffle du christianisme les emplit et ils respirent la foi et l'amour ; ils se dégagent des affections et des entraînements de la terre. La matière est presque bannie de leurs ornements. Voyez ces statues ; à peine ont-elles conservé la forme humaine ; elles sont tout sentiment, tout âme ; elles prient, elles souffrent, elles adorent. La pierre disparaît sous l'idée, la forme sous le fond, la matière sous l'esprit. Et elles sont là depuis bien des siècles, les pieuses basiliques ; elles s'élèvent comme un hymne incessant, comme une supplication perpétuelle ; elles portent au Seigneur les mérites et les vertus de tant de saints dont elles gardent les reliques, dont elles couvrent les tombeaux. Le Seigneur entendra leur prière, et le temps n'est pas loin peut-être où, sous leurs voûtes antiques, se réveilleront les vieux enthousiasmes et les brûlantes convictions de la France de saint Louis.

L'architecture offrait des merveilles à Marie

non seulement dans le domaine du beau, mais encore dans le domaine de l'utile. L'Europe est sillonnée de fleuves d'un trajet difficile et dangereux ; il faut protéger les voyageurs, il faut unir les peuples, parce que tous les peuples sont frères. Un pauvre pâtre s'en chargera ; saint Benezet fonde l'association des « Frères pontifes », qui vont couvrir de leurs travaux les rivières et les torrents. Et savez-vous à qui ils s'adressent? Au plus indomptable d'abord, à cet autre Araxe qui brisait les ponts des Romains ; et le Rhône, vaincu à Avignon, frémit encore sous les larges piles du Pont-Saint-Esprit.

La Vierge Marie assistait avec complaisance aux travaux des Frères pontifes, disciples de saint Benezet. De fait, le rocher des Doms est le point culminant de la ville d'Avignon ; Charlemagne y avait bâti la métropole dite Notre-Dame des Doms. Des rives du Rhône, au milieu de leurs rudes travaux, les Frères pontifes apercevaient la *bonne Dame des Rivières*, et sa vue leur était un encouragement.

III

La sculpture qui fournissait aux cathédrales la variété presque infinie de leurs ornements, mérite la seconde place dans le défilé.

En effet, le moyen âge comparait justement l'intérieur d'une cathédrale à un vaisseau ou nef : cette nef ressemblait à l'arche de Noé dont parle l'Ecriture. Au XIIIe siècle, l'arche avait acquis de tels développements dans le haut, le bas, et les bras de la croix, qu'on dut la soutenir par des contreforts inconnus des anciens. Alors la sculpture s'exerça sur ces contreforts : comme il les fallait innombrables pour en diminuer la pesanteur, elle les multiplie, les allège, les diminue, et bientôt ils ne paraissent plus qu'autant de cordages tendus pour retenir sur la terre cette nef du ciel qui semblerait devoir s'échapper, s'éloigner et disparaître. La sculpture qui vient de transformer en légers et gracieux navires les cathédrales de Marie va être bénie par elle dans ses autres travaux.

Avec son patient ciseau, la sculpture travaillait le marbre, la pierre, le bois. Souvent la terre cuite était substituée au marbre, et l'on relevait l'humilité de la matière par l'élégance de l'exécution.

Il n'y a que l'embarras du choix dans les ouvrages de sculptures à admirer. En Italie, dans plusieurs cités, le corps des marchands ornait les édifices avec une magnificence que beaucoup de princes eurent de la peine à égaler. Dans sa patrie même, Nicolas d'Arezzo représente sur un bas-relief, la Vierge abritant avec une tendresse exquise le menu peuple sous son manteau. Jean de Pise sculpte la belle table toute couverte de figures qui charmera les visiteurs de l'église de Bologne, comme aussi le sépulcre de saint Augustin à Pavie, orné de deux cent quatre-vingt-dix figurines. A Florence, les admirables bas-reliefs représentant la vie et la mort de saint Jean Gualbert, dans le couvent de la Vallombreuse, prouvaient combien la sépulture est capable d'exprimer le caractère de la sainteté chrétienne : la douceur angélique des regards des moines, dans ces reliefs, ne peut être surpassée par le pinceau. Les sculptures de la façade de la cathédrale de Saint-Laurent, à Gênes, sont capables d'arracher des larmes, tant est solennel et triste le spectacle qu'elles nous offrent de la passion des martyrs ; puis les figures représentant les huit béatitudes, dans l'église de Saint-Antoine à Parme, proclament avec une irrésistible force la vanité de la sagesse humaine.

En France, en Irlande, on gardait précieusement la renommée et les traditions de Totilo, tout à la fois musicien, peintre, ciseleur. Beaucoup d'églises de la France orientale s'étaient disputé ses ouvrages. Tandis qu'il ciselait une Vierge pour la cathédrale de Metz, on raconte que deux pèlerins lui demandèrent l'aumône ; et, l'ayant reçue, ils s'adressèrent à un clerc qui les avait introduits : « Est-ce donc sa sœur, lui dirent-ils, cette noble et belle dame qui se tient à ses côtés, lui présentant le compas, et lui montrant ce qu'il doit faire? » Or, c'était la Mère de Dieu qui venait aider son ouvrier[1].

---

[1] Gracieuse légende rapportée par OZANAM. *(Etudes Germaniques,* t. II.)

IV

Dans le groupe des beaux-arts, la sculpture tient par la main sa sœur la peinture.

Ce serait une amplification que de louer chez les peintres du moyen âge la suavité de la composition unie à la vigueur du coloris. Abordons de suite leurs chefs-d'œuvre signés de leurs noms.

Voici d'abord Giovanni de Fiesole, plus connu sous le nom de Fra Angelico. Il peignait à genoux les têtes de ses saints. Les chroniqueurs racontent

de la sorte l'exécution de son premier tableau.

L'an 1408, dans une cellule de Foligno, un pauvre frère, le visage pâle, inclinait sa jeune tête où le rasoir venait de tracer une large couronne et recommandait à la Vierge Marie sa sortie du monde. Le prieur Fra Benedetto entre et, le voyant plongé en oraison, posa sur la table la palette et les pinceaux qu'il apportait dans les plis de sa robe; puis, sur la pointe des pieds, il s'en alla. Fra Angelico, car c'était lui, relève son front caché dans sa robe de bure : l'aspect des pinceaux frappe ses yeux, son cœur bat à rompre, sa main tremblante s'allonge : « O art chéri », soupire-t-il, et le voilà à l'œuvre... Et la nuit passa entière, et les matines sonnèrent, et l'aube blanchit à l'horizon, et le soleil éclairait sa cellule quand il se reposa. Fra

Benedetto, inquiet, vint frapper à sa porte et entra.
— Oh ! la belle Vierge qu'il vit ! oh ! les célestes
regards qu'il rencontra ! Tous les Frères accoururent. A eux aussi, la Vierge apparut modeste dans
sa gloire et toute rayonnante de beauté céleste. Et
quoique le tableau fût à peine achevé, il les émut
si fort, qu'ils joignirent les mains et restèrent sans
voix. Cependant Fra Angelico, presque honteux,
la tête penchée avec un doux et humble sourire,
se tenait debout, laissant pendre ses bras. Et si
pieux était son air, que le vieux Prieur, reportant
ses regards de la Vierge au jeune frère, lui dit:
« Merci, Frère Angélique ! »

Entre autres compositions ravissantes sorties de
son pinceau, il faut citer « la Ronde des élus à la
porte de la Jérusalem céleste ». Dans le fond du tableau, Jérusalem des cieux apparaît avec ses murailles de jaspe et de saphir, et la porte d'entrée
est ouverte. Mais les élus, avant d'en franchir le
seuil, expriment leur allégresse d'avoir échappé
aux dangers de la terre. Ils font une ronde avec
leurs anges gardiens. Dans la ronde, il y a alternativement un élu et un ange. Chaque élu porte à son
front une couronne de roses, et le regard de chaque
ange gardien remercie le Dieu des miséricordes
d'avoir pu contribuer au salut d'un élu. Au centre
du tableau, le pinceau a réalisé une surprise charmante : deux personnages sont comme étonnés
mutuellement de se rencontrer en cette céleste
compagnie, ils se jettent dans les bras l'un de

l'autre, semblant se dire : quel bonheur, nous sommes sauvés !

Devant cette suave composition, on partage l'exclamation d'un vieux chroniqueur : « O Marie, rendez-moi digne d'entrer un jour dans ces belles joies du paradis que le peintre de Fiesole a si bien peintes, lorsqu'il représente des anges prenant par la main les élus et les conduisant, sourire aux lèvres, dans les fleurs du ciel, j'y voudrais aller avec eux. »

Nous ne saurions passer sous silence un colloque de Fra Angelico avec saint Antoine de Padoue :

Une nuit que la lune éclairait les murs de sa cellule, frère Angélique pensa qu'il était beau de voir le ciel étoilé ; il se leva et alla s'asseoir sur la margelle d'un puits profond. Se croyant seul, il se prit à chanter d'une voix basse et sourde : *De profundis clamavi ad. te, Domine*, mais quelqu'un continua le verset, et, tout étonné, il reconnut le frère Antoine. Ils s'aimaient tant, ces deux frères en Jésus-Christ crucifié, qu'ils s'embrassèrent étroitement.

Antoine, depuis saint Antoine de Padoue, de l'Ordre de Saint-François et Fra Angelico, causèrent longuement. Le saint donnait ses idées sur l'art et l'artiste l'écoutait. « Mon frère, disait-il, si tu faisais tout blanc le vêtement de la bienheureuse Vierge, elle me plairait davantage surtout quand on la représente glorifiée, et bleu ou rouge seulement dans la vie humaine. Mais comment, ô frère Angélique, dis-le-moi, comment as-tu trouvé le sourire céleste que tu as mis tout dernièrement sur ses lèvres divines? — Je ne sais, murmurait le Frère. — Mais où l'as-tu vu ce sourire, dis-le-moi? — Je ne puis, » répondait-il doucement, car sa modestie l'en empêchait, il craignait qu'on le crût favorisé de Dieu, il voulait être le dernier des derniers. Et cependant la Vierge bénie lui était apparue : il l'avait vue lui sourire doucement, et ce sourire céleste, il l'avait gardé, il l'avait saisi, et son pinceau l'avait retracé. Je ne sais, je ne puis, ô humilité chrétienne, qui grandissait si fort le génie !

Au point de vue de la peinture, le moyen âge se clôt par le nom de Raphaël.

Raphaël Sanzio a élevé l'art de la peinture au plus haut degré que l'inspiration puisse atteindre. Ses compositions se distinguent par la richesse de la pensée, la noblesse de l'ordonnance, une majesté qui n'exclut point la grâce, par l'heureuse disposition des groupes, la variété des attitudes, la beauté des draperies, une vigueur sans exagération, une naïveté exempte de froideur. Ses vierges surtout ont une expression de beauté céleste que l'on n'a jamais égalée.

Lorsque, réalisant un pèlerinage souvent rêvé, on est allé visiter Rome et qu'on a monté avec le frémissement d'une curiosité pieuse le grand escalier du Vatican, après avoir parcouru les merveilles de tous les âges et de tous les pays du monde réunies dans l'hospitalité de cette magnifique demeure, on arrive en un lieu qui peut être appelé le sanctuaire de l'art chrétien : ce sont les chambres de Raphaël. Le peintre y retraça, dans une série de fresques historiques et symboliques, les grandeurs et les bienfaits du catholicisme. Parmi ces fresques, il en est une où l'œil se suspend avec plus d'amour, soit à cause de la beauté parfaite du sujet, soit à cause du bonheur de l'exécution : le Saint Sacrement y est représenté sur un autel, élevé entre le ciel et la terre : le ciel qui s'ouvre et laisse voir dans ses splendeurs la Trinité divine, les anges et les saints ; la terre couronnée d'une nombreuse assemblée de pontifes et de docteurs de l'Eglise. Au milieu de l'un des groupes dont l'assemblée se compose, on distingue une figure remarquable par l'originalité de son caractère, la tête ceinte non d'une tiare ou d'une mitre, mais d'une guirlande de laurier, noble et austère toutefois, et nullement indigne d'une telle compagnie. Et, si l'on recueille ses souvenirs, on reconnaît Dante Alighieri. Alors on se demande de quel droit l'image d'un tel homme a été introduite parmi celles des vénérables témoins de la foi, par un peintre accoutumé à l'observation scrupuleuse des traditions liturgiques, sous l'œil des papes, et dans la citadelle même de l'orthodoxie. La réponse à cette question se fait pressentir à la vue des honneurs presque religieux que l'Italie entière a rendus à la mémoire de cet homme, et qui annoncent en lui plus qu'un poète [1].

Raphaël mourut à l'âge de 37 ans. Hélas ! pourquoi son radieux pinceau n'a-t-il pas eu, comme celui de Fra Angelico la chasteté pour abri tutélaire et conservateur ? La Fornarina a fait pleurer la Vierge Marie.

V

Plein de compassion pour les humbles et les petits, le génie de l'art au moyen âge donne à la peinture en couleurs une auxiliatrice dans la peinture en mosaïque. Tout le monde ne pouvait pas se procurer les tableaux des grands maîtres. Comment les basiliques, les chapelles fourniront-elles, dans leurs pierres mêmes, un enseignement populaire capable d'éclairer les esprits et d'émouvoir les imaginations ? c'est alors que la peinture en mosaïque fit son éclosion. On regarde comme son premier inventeur Giotto de Vespignano. Tout jeune encore et pendant qu'il gardait les troupeaux de son père, il dessinait des chèvres, et s'habituait ainsi à copier la nature. C'est lui qui fut chargé par Boniface VIII de placer la barque de saint Pierre en mosaïque sous le portique de la basilique du Vatican.

Deux écoles de mosaïques s'organisèrent, l'une à Rome, l'autre à Florence.

[1] Ozanam, *Le Dante*, p. 45, 46.

Dans la mosaïque de Rome, on se sert de petits tubes d'émail de toutes couleurs, qui n'ont pas plus de quatre millimètres de diamètre, et que l'artiste divise d'un coup de marteau tranchant, en pièces aussi minces que l'exigent les détails qu'il doit rendre. On peut avec cette mosaïque imiter les tableaux les plus précieux. On s'en servit pour reproduire les principaux chefs-d'œuvre de Raphaël et en orner la basilique Vaticane.

Dans la mosaïque de Florence, on n'emploie que des pierres naturelles qui sont ornées de belles couleurs et susceptibles d'un beau poli. Ce sont principalement les jaspes et les agates : on choisit celles dont la couleur convient à l'objet qu'on veut imiter, et on les taille suivant la forme de cet objet. Il y a des tableaux en ce genre d'un prix inestimable et d'une rare beauté.

Des deux écoles, des deux méthodes, celle de Florence finit par tomber en désuétude, et Rome resta seule maîtresse en mosaïques.

Après la description du travail, nous allons rencontrer la Très Sainte Vierge dans l'exécution :

Douce Vierge Marie, on vous rencontre à la place d'honneur dans les superbes mosaïques qui ornent les églises de Rome, de Ravenne, de Milan, de Venise, de Capoue, de Palerme, non seulement à l'abside de ces édifices, mais souvent dans les nefs, les vestibules et les façades. La composition est généralement celle-ci : l'image de la gloire céleste remplit l'hémicycle du sanctuaire. Rien ne peut égaler l'effet de la grande figure du Christ, qui se détache sur un fond d'or, debout au milieu d'un ciel embrasé. Sa divine Mère est à ses côtés ; à droite et à gauche des saints leur présentent leurs couronnes. Au-dessous, on voit l'agneau reposant sur la montagne d'où s'échappent les quatre fleuves, emblèmes des quatre évangiles. Douze brebis sortent des deux villes de Jérusalem et de Rome, pour figurer le troupeau chrétien se recrutant dans la synagogue et dans la gentilité. Enfin, parmi les accessoires qui ornent ces riches compositions, apparaissent des cerfs et des colombes, des lis et des palmiers, charmants emblèmes tirés du Cantique des cantiques.

Aimable Vierge Marie, l'ensemble de ces mosaïques formait tout un poème sacré à l'usage du pauvre peuple qui ne savait pas lire. Les âmes naïves, en regardant les saints qui vous offrent leurs couronnes, vous promettaient de faire un jour comme eux si votre intercession leur obtenait la grâce d'entrer en paradis. En considérant cerfs et colombes, lis et palmiers, les belles âmes se renouvelaient dans l'amour de la pureté, triomphaient des occasions dangereuses, et dirigeaient vers le Tabernacle eucharistique le transport d'amour inspiré par le Prophète royal : *comme le cerf altéré soupire après la fontaine d'eau vive, ainsi mon cœur soupire après vous, ô mon Dieu...*

Auguste Vierge Marie, vos radieuses mosaïques ont été bien comprises par le moyen âge.

VI

Les miniatures et les enluminures méritent une place dans le cortège des beaux-arts.

La miniature est une sorte de peinture délicate qui se fait à petits points ou à petits traits, avec des couleurs très fines délayées à l'eau gommée.

L'enluminure est l'art de colorier d'une façon fine et légère.

Les artistes en miniatures étaient généralement des moines ou des hommes de vie intérieure. Chaque abbaye, chaque monastère, confiait cet emploi à des religieux distingués par leur piété délicate. En effet, pour l'exécution des miniatures et des enluminures, il fallait la tranquillité de la solitude ; et les bons religieux façonnaient leurs petits chefs-d'œuvre sous l'encouragement de ces sentences bibliques : *Particula boni non te prætereat*, ne laisse perdre la moindre particule du bienfait de Dieu [1] ! *Euge serve bone et fidelis, quia super pauca fuisti fidelis, super multa te constituam*, cela est bien, ô bon et fidèle serviteur : parce que vous avez été fidèle en peu de choses, je vous établirai sur beaucoup d'autres [2].

L'art des miniatures et des enluminures s'exer-

---

[1] Ecclésiastiq., chap. xiv, 14.
[2] S. Matt., xxv, 23.

çait sur les manuscrits. Les livres d'église en étaient
enrichis, représentant le visage du Christ, le visage de la Vierge Marie. On conserve un bréviaire
très précieux à la bibliothèque Laurentienne, reste
de tant d'autres que possédaient les Camaldules
des Anges. Un des artistes de ce couvent fut tellement habile dans l'art des miniatures, que ses frères en religion enchâssèrent sa main comme une
relique. La suavité des visages des saints a fait dire
ce joli mot : « Le chrétien est une miniature de
Dieu. »

L'art de la miniature s'exerçait aussi sur les larges sceaux des églises, des abbayes, des écoles, des
cités et des châteaux. Plusieurs d'entre eux, que
l'on retrouve, sont dignes des plus belles époques
de l'art. Le sceau d'un petit monastère du xive siècle peut maintenant étonner le graveur le plus
adroit. Quels âges que ceux dont le goût et la
beauté s'étendaient même jusqu'à ce qui concer-
nait les titres de leurs parchemins. On peut dire
que la miniature était jalouse d'être conservatrice,
à l'exemple de la Vierge Marie, dont il est écrit :
*qu'elle conservait toutes les choses de la visite des ber-
gers à la crèche, les repassant dans son cœur* [1].

Quand la découverte de l'imprimerie fera tomber la vogue des manuscrits, la miniature s'exer-
cera sur les coffrets et les tabatières. O décadence !

[1] S. Luc, ii, 19.

VII

L'orfèvrerie ne pouvait se considérer comme inférieure à la miniature, à l'enluminure, à la mosaïque, à la peinture, lorsqu'il s'agissait de glorifier la sainte Mère de Dieu. Le stimulant de son travail fut ce chant du Prophète royal : *Gloriosa dicta sunt de te, civitas Dei*, on a raconté de vous des choses glorieuses, ô cité de Dieu[1].

Trois cités de Dieu étaient réputées très belles :

La cité bâtie par David et Salomon, ou Jérusalem de la terre ;

La cité décrite dans l'Apocalypse de saint Jean ou Jérusalem des cieux ;

La cité embellie par la Très Sainte Trinité elle-même pour le Dieu fait homme, ou la Vierge Marie.

Pour la beauté de la première cité, on en trouvait la description dans l'historien Josèphe ; la seconde était décrite dans l'Apocalypse ; la troisième était célébrée dans les Pères de l'Eglise ou la tradition catholique.

Or l'orfèvrerie s'est servie de ces descriptions historiques et bibliques pour glorifier magnifiquement la Sainte Mère de Dieu.

Voici la description de l'historien Josèphe relative à la cité de David et de Salomon :

« La ville que Pline appelle la plus illustre de

---

[1] Ps. 86.

tout l'Orient apparaissait ceinte d'une rangée de
tours qui lui formaient comme un diadème, au
milieu d'une riche végétation d'oliviers, de figuiers,
de vignes qui croissaient partout, grâce à des eaux
habilement ménagées. Au-dessus de cette splendeur, se dressait la majesté du Temple. Au lever
du soleil, lorsque de loin, sur la sainte montagne,
apparaissait le sanctuaire dominant de plus de
cent coudées les deux rangées de portiques qui formaient sa double enceinte ; quand le jour versait
ses premiers feux sur cette façade d'or et de marbre blanc ; quand scintillaient ces mille aiguilles
dorées qui surmontaient le toit et le préservaient,
dit-on, de la foudre ; il semblait que ce fût une
montagne de neige, s'illuminant peu à peu et s'em-
brasant aux feux rougeâtres du matin. L'œil était
ébloui, l'âme surprise, la piété éveillée ; le païen
même se prosternait. »

L'Apocalypse de saint Jean présente cette description de la seconde Cité de Dieu, Jérusalem des
cieux :

« La ville était d'un or pur, semblable à du verre
très clair. Et les fondements de la muraille de la
ville étaient ornés de toutes sortes de pierres précieuses. Le premier fondement était de jaspe, le
second de saphir, le troisième de calcédoine, le quatrième d'émeraude, le cinquième de sardonyx, le
sixième de sardoine, le septième de chrysolithe,
le huitième de béryl, le neuvième de topaze, le
dixième de chrysoprase, le onzième d'hyacinthe,

le douzième d'améthyste. Or les douze portes étaient douze perles, et chaque porte était faite de l'une de ces perles, et la place de la ville était d'un or pur comme du verre transparent[1]. »

La tradition catholique rassemblée dans les Pères de l'Eglise, est intarissable sur la beauté de la troisième cité de Dieu, l'auguste Vierge Marie. Il la montre plus glorieuse que Jérusalem de la terre, plus glorieuse que Jérusalem des cieux : *gloriosa dicta sunt de te, civitas Dei.* C'est d'abord le nom même de Jérusalem qu'elle réalise d'une façon parfaite. Jérusalem dans la langue sainte, signifie vision de la paix, *visio pacis.* « Marie n'a-t-elle pas engendré l'Auteur de la paix qui est le Christ? Elle a uni Dieu à l'homme et l'homme à Dieu dans son sein virginal, de telle sorte qu'elle a été le centre de leur réconciliation. Véritable colombe de l'arche de Noé, elle a présenté au genre humain le rameau vert de la paix et de l'allégresse[2]. » Un autre Père de l'Eglise lui adresse cette louange : « Marie est la plus glorieuse des Jérusalem, parce que sur elle, l'ouvrier divin qui est le Christ, a édifié les remparts inexpugnables de l'Eglise de Dieu[3] ».

Voilà les trois cités de Dieu vers lesquelles l'orfè-

---

[1] Apocalypse, xxi.

[2] RICHARD DE SAINT-LAURENT, *Louanges de la Sainte Vierge,* liv. ii.

[3] *Jerusalem revera celestis, supra quam propugnacula Ecclesiæ opifex Christus ædificavit.*

vrerie au moyen âge dirige ses regards pour glorifier la Reine de beauté et de bonté. Quelles furent ses œuvres de glorification?

Des diadèmes, des couronnes ! Les innombrables statues de la Vierge Marie dans les lieux de pèlerinage, dans les cathédrales, dans les châteaux, étaient couronnées de diadèmes étincelants de pierreries. Que de princesses, que de châtelaines apportaient à l'envi leurs bijoux, leurs perles, leurs émeraudes, pour rehausser la beauté des images de Marie et reconnaître des grâces reçues. L'énumération des pierres précieuses dans l'Apocalypse de saint Jean, jaspe, saphir, émeraude, topaze, améthyste, etc., trouvait ici son application. Cette coutume de couronner les images de Marie, non seulement se continuera, mais se développera magnifiquement : ce sera comme une voie lactée d'étoiles d'or dans un firmament marial.

L'orfèvrerie ne s'en tenait pas seulement aux diadèmes, elle couvrait d'or et d'argent les autels dédiés à Marie. Elle plaçait à Saint-Jean de Florence un merveilleux autel d'argent, orné de sculptures des plus délicates. N'avons-nous pas dit, à propos de la basilique de Sainte-Marie-Majeure à Rome, que les monarques d'Espagne, Isabelle et Ferdinand le Catholique, offrirent au Souverain Pontife le premier or apporté de la découverte de l'Amérique, et qu'on l'employa à l'ornementation des caissons de la voûte?

L'orfèvrerie incrustait également l'or dans les

marbres les plus précieux ; marbre blanc, marbre
rouge, marbre bleu, composaient les chapelles et
les statues de la Vierge ; l'orfèvrerie s'unissait à la
sculpture pour animer ces marbres. Rappelons la
citation de l'historien Josèphe sur le Temple de
Jérusalem : « Lorsque le jour versait ses premiers
feux sur sa façade d'or et de marbre blanc, lorsque scintillaient ces mille aigrettes dorées qui surmontaient le toit, il semblait que ce fût une montagne de neige qui s'embrasait aux feux du matin,
et l'œil était ébloui ». Ah ! sans doute, nulle chapelle de marbre blanc dédiée à Marie n'égalera jamais la splendeur du Temple de Salomon ; et néanmoins la blanche chapelle ravit mille fois plus les
anges et les chrétiens, parce qu'elle possède der-
rière la petite porte d'or du tabernacle, un trésor
d'un prix infini : la divine Eucharistie.

VIII

Il était digne que la musique couronnât les louanges et les applaudissements des beaux-arts devant
la beauté et la bonté de la Dame des nations. En
effet, de tous les beaux-arts, la musique est celui
qui agit le plus immédiatement sur l'âme. La sculpture, la peinture, l'orfèvrerie, ne nous entretiennent que du sujet déterminé sur lequel il leur a plu
de se fixer, la musique nous parle de nous-mêmes :
elle pénètre au fond de nos âmes et, comme l'ami
le plus intime, s'unit à nos souvenirs douloureux ou

à nos angoisses secrètes. On peut appliquer à l'influence de la musique ce que conseille Bossuet : « Ecoute en ton intérieur, écoute à l'endroit où la vérité se fait entendre, où se recueillent les pures et les simples idées, à cet endroit de l'âme si profond et si retiré que les sens n'en soupçonnent rien tant il est éloigné de leur région. »

En conformité avec le conseil de Bossuet, écoutons, nous-mêmes, ce que la belle musique du moyen âge modulait à la louange de la Vierge Marie.

Voici d'abord les bardes et les joueurs de harpe de l'Irlande :

On s'arrêtait ravi aux accords que ces musiciens tiraient de leurs instruments quand ils chantaient l'Irlande, la Vierge et son Jésus. On admirait les combinaisons savantes de leur jeu, et la rapidité avec laquelle leur main promenée sur les cordes en faisait jaillir des torrents d'harmonie. L'Eglise se gardait bien de leur ôter des joies si pures ; elle les sanctifiait au contraire en mettant la harpe de David dans le sanctuaire, et les psaumes sur les lèvres de leurs prêtres, qui ne se taisaient ni le jour ni la nuit. Les Irlandais excellaient dans le chant ecclésiastique, à ce point que les princesses des Francs faisaient chercher parmi eux des maîtres pour exercer les vierges de leurs monastères à chanter dignement les louanges de Dieu.

Voici maintenant le chantre immortel de l'Ombrie : saint François d'Assise :

Il aimait la musique, et ses biographes louent la

beauté de sa voix suave et forte, claire et flexible. Au temps de sa jeunesse, il avait rempli les rues d'Assise de ses gais refrains. Après sa conversion, il faisait répéter des hymnes aux échos du désert. Un soir qu'il était touché jusqu'aux larmes par le chant d'un rossignol, il se sentit inspiré de lui répondre, et jusque bien avant dans la nuit il chanta alternativement avec lui les louanges de Jésus et de Marie. La légende ajoute que François se trouva épuisé le premier, et loua l'oiseau qui l'avait vaincu. Jamais, dans ses plus vifs retours sur ce qu'il appelait les égarements de sa première vie, dans ses plus amers dédains pour les voluptés du monde, il n'eut la pensée de condamner cet art mélodieux qu'il mettait au nombre des plaisirs du ciel. On raconte que, vers la fin de sa carrière, et dans un temps où il pliait déjà sous le fatigues et les austérités, cet homme, détaché de toutes les consolations terrestres, souhaita d'entendre un peu de musique, pour réveiller, disait- il, la joie de son esprit. Et, comme la règle ne permettait pas que le saint homme se donnât ce passetemps par les moyens ordinaires, plutôt que de l'en voir privé, le Ciel voulut servir ses désirs. La nuit suivante, comme il veillait et méditait, un ange lui apparut environné d'une grande lumière, lequel tenait une viole de la main gauche et un archet de la main droite ; et, François demeurant tout ébloui à l'aspect de l'ange, celui-ci poussa une seule fois l'archet sur la viole, et en tira une mélo-

die si douce, qu'elle pénétra l'âme du serviteur de
Dieu, le détacha de tout sentiment corporel ; et,
si l'ange eût retiré l'archet jusqu'en bas, l'âme, en-
traînée par cette irrésistible douceur, se fût échap-
pée du corps. Le bonheur du ciel pouvait-il s'annoncer d'une façon plus charmante?

Bien que nous traitions du moyen âge, nous an-
ticiperons sur les temps modernes pour placer ici
le *Stabat* de Pergolèse :

Jeune encore, frappé d'un mal sans remède, Pergolèse, dont le génie se transfigurait par la souffrance, jeta sur tous les versets de l'hymne du Gol-
gotha cette nuance de mélancolie intime et indéfi-
nie, ce mélange de douleur et de résignation sublime qui s'harmonisent si bien avec ce chant de
mort en présence de l'arbre de vie.

Semblable à une paraphrase du grand drame,
cette mélodie unique en son genre, faite du dernier
soupir du Divin Mourant et des larmes de la Mère
Désolée, vous transporte sur la montagne aride
où le *consummatum est* vient d'être lancé vers le
ciel pour en ouvrir les portes à l'humanité. Et on la
devine, on la sent, que dis-je ! on la voit sous le
bois du sacrifice, cette Mère du grand Machabée,
cette Abraham du nouvel Isaac. Elle est là, elle a
supputé les heures, elle a compté les soupirs, elle a
recueilli les paroles, le sang du Doux Supplicié la
couvre, elle en est abreuvée, elle en est baignée, et
elle reste là debout, *Stabat !*

La loi de Moïse commandait cependant que l'on

éloignât la brebis tandis que l'on immolait l'Agneau ; ici l'Agneau n'a pas été séparé de sa Mère, et, prêtre de la nouvelle Alliance, elle a offert ce sacrifice en le complétant par elle-même.

La musique de Pergolèse dépeint l'agonie de ces deux cœurs qui n'en font qu'un, et la dernière stance du *Stabat* devait être comme le dernier effort du Cygne mourant.

Il était à Rome, à cette époque, en même temps que Joseph Vernet un des meilleurs peintres français d'alors. Il ne leur fallut que se voir pour se connaître, et que se connaître pour s'aimer. Vernet raffolait de la musique, et Pergolèse goûtait fort la peinture, dont il aimait à s'inspirer. La plus grande partie des journées se passait dans l'atelier de son ami. Vernet peignait en l'écoutant chanter, et lui chantait en le regardant peindre.

Un matin, plus pâle et plus défait que de coutume, il arriva chez Vernet. Celui-ci peignait une ruine qu'il avait dessinée la veille dans la campagne. Pergolèse s'assit silencieux et morne sur un escabeau, et peu à peu, s'inspirant de ce tableau qui cadrait si bien avec ce qui s'agitait dans son âme, il se mit à fredonner un chant ou plutôt une plainte, dont l'accent fendait le cœur. Vernet en fut ému jusqu'aux larmes ; quant à Pergolèse, tout à sa pensée, il reprit jusqu'à vingt fois ces notes gémissantes, vibrant chaque fois plus douloureusement que la précédente ; puis, prenant une plume, il écrivit sur ses genoux ce qu'il venait de trouver, le fredonna une dernière fois et sortit en laissant tomber le papier.

C'était le dernier verset du *Stabat*. Peu de jours après, le divin morceau était exécuté et Pergolèse était mort[1].

Une voix musicale plus puissante dominait toutes ces mélodies particulières : la voix de l'orgue.

L'emploi de l'orgue avait été solennellement consacré en l'année 660, par le Pape Vitellien. Saint Jérôme dit qu'il y avait à Jérusalem un orgue qu'on entendait du mont des Oliviers. Au moyen âge, la France et l'Allemagne avaient brillamment perfectionné ses tuyaux et ses jeux.

L'orgue est vraiment l'instrument chrétien ; il domine, monarque solitaire, toute autre expression de l'art. Qui pourrait dire toutes les impressions salutaires apportées par ses ondes sonores.

Un homme hésite entre le doute et la foi, entre la révolte et la soumission ; un grand sacrifice lui est demandé, tout son être gémit ou s'indigne ; il prend un livre, son esprit reste distrait ; il interroge un ami, sa raison ou sa passion sont intarissables en allégations spécieuses ou en paroles en-

---

1 Né dans la province d'Ancône, Pergolèse appartenait à une famille illustre tombée dans la misère. Demeuré orphelin, il fut amené à Naples et entra, à l'âge de 12 ans, au conservatoire des pauvres de Jésus-Christ où on le recueillit par charité. Devenu célèbre compositeur, il succomba à l'excès de travail, au chagrin et aux privations, car il fut toujours pauvre.

Il n'y a pas de jour où ce drame du cœur humain ne se renouvelle dans nos églises.

En outre si l'on y contemple la foule prise dans son ensemble, chaque assistant y apporte les préoccupations et les tendances les plus diverses ; mais aux heures solennelles du culte, toutes les âmes se pénètrent du même sentiment, comme tous les corps fléchissent dans la même attitude. La musique n'emploie pas pour chacun le même mot, mais pourtant elle présente à tous la même idée : foi, détachement, courage ; et c'est avec ce peu de mots que le christianisme a transformé le monde.

Cette foi, ce détachement, ce courage, le despotisme et le matérialisme ont toujours cherché, complices de Satan, à les détruire dans les âmes, en attirant dans cette tâche aride les beaux-arts eux-mêmes. Par une fierté native, les beaux-arts s'en défendent, car ils sont, avec des caractères différents, des puissances de droit divin pour secourir l'homme et l'aider à faire son salut. Assurément, il serait à souhaiter que l'homme pût atteindre d'un vol les sommets voisins du ciel et y demeurer ; mais puisqu'il ne s'élève que de degrés en degrés, pas à pas, avec d'indispensables haltes et de fréquentes chutes, les beaux-arts, musique, peinture sculpture, architecture, l'aideront à gravir les hauteurs et à s'y maintenir. Il ne faut donc pas s'étonner que les beaux-arts portent ombrage au matérialisme et à la tyrannie. Tout despote le sait, et

Il n'y a pas de jour où ce drame du cœur humain ne se renouvelle dans nos églises.

En outre si l'on y contemple la foule prise dans son ensemble, chaque assistant y apporte les préoccupations et les tendances les plus diverses ; mais aux heures solennelles du culte, toutes les âmes se pénètrent du même sentiment, comme tous les corps fléchissent dans la même attitude. La musique n'emploie pas pour chacun le même mot, mais pourtant elle présente à tous la même idée : foi, détachement, courage ; et c'est avec ce peu de mots que le christianisme a transformé le monde.

Cette foi, ce détachement, ce courage, le despotisme et le matérialisme ont toujours cherché, *complices de Satan, à les détruire dans les âmes, en* attirant dans cette tâche aride les beaux-arts eux-mêmes. Par une fierté native, les beaux-arts s'en défendent, car ils sont, avec des caractères différents, des puissances de droit divin pour secourir l'homme et l'aider à faire son salut. Assurément, il serait à souhaiter que l'homme pût atteindre d'un vol les sommets voisins du ciel et y demeurer ; mais puisqu'il ne s'élève que de degrés en degrés, pas à pas, avec d'indispensables haltes et de fréquentes chutes, les beaux-arts, musique, peinture sculpture, architecture, l'aideront à gravir les hauteurs et à s'y maintenir. Il ne faut donc pas s'étonner que les beaux-arts portent ombrage au matérialisme et à la tyrannie. Tout despote le sait, et quand il ne peut étouffer ni les lettres, ni les arts, il s'applique à les corrompre pour les énerver. Heureusement que, là encore, intervient la Vierge Marie ; elle devient rempart contre le despotisme et le sensualisme. Aussi, après l'avoir admirée comme Reine de beauté et de bonté, nous allons la bénir comme Reine de liberté.

CHAPITRE IX

La Reine de beauté et de bonté est aussi Reine de liberté.

1. Vestiges d'esclavage dans la nature viciée en Adam : la concupiscence et la captivité du tombeau. Cris de douleur de saint Paul. — II. La Vierge Marie exempte de la concupiscence, et le tombeau n'a pu la retenir captive : aussi est-elle la Femme libre, reine de liberté. Beauté de sa liberté. — III. Libre, Marie se fait libératrice. Pure et consolante vision des qualités d'une libératrice : elles se rencontrent toutes en Marie. — IV. Tableau des merveilleuses et suaves délivrances constamment accomplies par notre divine Mère. — V. C'est l'honneur de l'Europe catholique, au moyen âge, d'avoir compris que la Vierge Marie, Reine de beauté et de bonté était aussi Reine de liberté, et d'avoir secondé cette divine Libératrice ; comment les hommes libres étaient des hommes de vertu, d'obéissance, de magnanimité dans les épreuves. Avec de tels hommes Marie fit accomplir des prodiges. — VI. Le poème de la Libératrice, impossible sur cette terre, sera superbe dans les cieux.

I

Les beaux-arts portent un autre nom significatif : *arts libéraux*. Ils sont ainsi appelés par opposition aux arts mécaniques parce qu'ils s'adressent plus particulièrement à l'esprit et que les facultés intellectuelles y ont plus de part que les facultés physiques. La musique, la peinture, la sculpture sont des arts libéraux. Au contraire, la force physique domine dans les arts mécaniques, la force de la main, et le corps y est souvent courbé; en outre, les nécessités de la vie forment leurs préoccupations. La menuiserie, la serrurerie, les forges, les cristalleries sont des arts mécaniques. Ils réveillent l'idée de glèbe ou de servage. Au moyen âge, alors que la douceur de mœurs avait transformé l'esclavage en servage, on disait encore de quelques malheureux déshérités : serfs attachés à la glèbe.

Ce petit aperçu sur les arts libéraux, rapprochés de la finale du chapitre précédent où la Vierge Marie protégeait les beaux-arts contre le despotisme et le matérialisme, nous a inspiré d'établir que la Reine de beauté et de bonté est aussi Reine de liberté.

O Mère très pure, ô Mère aimable, faites que que mes chers lecteurs recueillent, dans ces dernières pages, un bouquet spirituel.

Toute la postérité d'Adam, sauf une bénite enfant, a été une postérité d'esclaves ; cette bénite enfant a été la femme libre : la Vierge Marie.

Parlons d'abord de l'esclavage. Oui, nous sommes tous nés dans les ignominies de la servitude, et sans Jésus-Christ qui nous a rachetés, la terre serait encore *la côte des esclaves !*

En effet, comme attestation de ce primordial esclavage, nous avons tous gardé deux tristesses, deux humiliations, dans notre nature viciée.

La première, ce sont les INSULTES DE LA CONCU-PISCENCE. Ces insultes de la concupiscence, c'est-à-dire les révoltes de notre chair sous l'action d'un feu secret qui nous pousse à la rébellion comme des esclaves, qui n'en a connu l'humiliation? Le grand saint Paul lui-même, ce vase d'élection, ainsi nommé par Jésus-Christ, saint Paul ravi dans ses extases jusqu'au troisième ciel, de retour de ses ravissements, expérimente ces révoltes et ces insultes. Il les qualifie de deux noms qui rappellent la servitude : aiguillon et soufflet. « *De peur, s'écrie-t-il, que la grandeur de mes révélations ne me donnât de l'orgueil, Dieu a permis, a laissé faire que je ressentisse, dans ma chair, un* AIGUILLON, *et l'ange de Satan m'a frappé d'un* SOUFFLET !*[1]* » Qu'y a-t-il de plus humiliant et de plus dominateur que l'aiguillon? C'est avec cela qu'on pique le bœuf attelé au joug. Et qu'y a-t-il de plus outrageant qu'un soufflet? Pour se permettre un soufflet contre quelqu'un, il faut que cet être soit descendu bien bas, ravalé jusqu'à l'esclave : on ne frappe que son esclave. Eh bien, saint Paul avoue qu'il a ressenti la tentation, elle le stimulait comme l'aiguillon pique le bœuf, et il ajoute que la main outrageante du mauvais ange s'est, en quelque sorte, levée pour le frapper d'un soufflet... O insulte, ô ignominie, *ô malheureux homme que je suis*, s'écrie encore avec larmes le

---

[1] *IIᵉ épître aux Corinthiens*, XII, 7.

grand Apôtre, *qui me délivrera de ce corps de mort*, de ce corps d'esclave[1] !

Tels sont les gémissements de saint Paul, et telles sont les insultes de la concupiscence. Ces insultes, cet aiguillon, cette main outrageante du mauvais ange, hélas ! les pauvres humains ne les connaissent que trop, et semblables au bœuf qui baisse la tête sous le joug, ils baissent leur noble tête de honte et de tristesse[2].

Mais, outre cette première attestation de notre condition d'esclaves en Adam, il y en a une autre à la fin de la vie : LA CAPTIVITÉ DU TOMBEAU.

Comme Dieu n'est pas l'auteur de la concupiscence, il n'est pas, non plus, l'auteur de la mort. Et de peur que dans la suite des âges, les mortels en se couchant dans leurs tombes ne jetassent vers le ciel un regard accusateur, Dieu lui-même a pris les avances dans ses Ecritures, où il déclare formellement qu'il n'est point l'auteur de la mort ; il s'en défend comme d'une chose qui répugne à sa nature et à sa bonté : « Ce n'est pas moi qui ai fait la mort, *Deus mortem non fecit* [3] » . Et qui donc l'a faite ? Le péché : *per peccatum mors*, par le péché la mort[4]. Dieu, en effet, sous les berceaux embaumés de l'Eden, avait créé l'homme droit, de-

---

[1] *Epître aux Romains*, VII, 24.
[2] Quelle vérité et quelle beauté dans ce vers d'André Chénier :
  Dieu fit la liberté, l'homme a fait l'esclavage.
[3] *Sagesse*, I, 13.
[4] *Epître aux Romains*, V, 12.

bout, c'est une autre magnifique remarque des Ecriturs, *fecit Deus hominem rectum*[1] ; Dieu avait créé l'homme droit, debout, selon la ligne verticale, parce que la ligne droite ou verticale est la ligne de la vie, de l'honneur, de la liberté. Quand on dit d'un homme qu'il est droit, qu'il suit la ligne droite, c'est son plus bel éloge, car c'est dire que son maintien moral est noble comme sa noble stature! Mais le péché, lui, a opposé à Dieu une autre ligne, une ligne rivale : la ligne horizontale ou de la prostration, qui est celle de la mort, de l'esclavage et de l'ignominie. Ce corps que Dieu avait planté dans la rectitude, si beau et si droit, voici qu'il est contraint de chanceler, et de s'étendre d'après la ligne humiliante de la prostration. Dieu avait créé l'homme droit, debout ; et le péché a crié à l'homme : Couche-toi... Qui oserait dire qu'il n'est pas esclave dans son tombeau?

Et ainsi, deux humiliations, deux restes de l'antique esclavage pour les pauvres humains : les insultes de la concupiscence et la captivité du tombeau.

Mais rachetés par Jésus-Christ, affranchis par sa victoire sur l'enfer, relevons la tête : notre indépendance céleste consiste à lutter contre les chaînes que le démon voudrait nous rendre. Ces chaînes, il les retrempe dans notre nature restée viciée par une permission divine, et il nous les présente : il

---

[1] *Ecclés.*, VII, 30.

les présente à notre libre arbitre vivifié par la grâce du Christ et les sacrements de l'Eglise. Nous sommes libres, si nous sommes lutteurs ;

Nous sommes libres, si au soulèvement de la nature, où s'embusque le mauvais Esprit, nous opposons les combats de la grâce et de notre volonté ;

Nous sommes libres, en un mot, malgré les apparences de l'esclavage, nonobstant notre uniforme commun de pauvres galériens ; et, à la fin des temps, le jugement général découvrira quels sont ceux qui ont profité de la liberté du Christ, et quels sont ceux qui sont restés esclaves.

II

Il y a toutefois une créature privilégiée pour laquelle Dieu n'a pas attendu jusqu'au Jugement dernier pour la soustraire à toute apparence d'esclavage : c'est la Vierge immaculée, sa mère.

Marie est la femme libre !

Immaculée, sans tache, elle n'a jamais connu les insultes de la concupiscence. Tandis que saint Paul disait en pleurant : *L'Ange de Satan a levé sa main contre moi*, elle a dit dans le ravissement de sa candeur : *L'ennemi n'a rien trouvé en moi qui soit à lui*. Il ne saurait être question pour elle du joug du péché, ni de l'aiguillon de la tentation. Elle était, à sa conception et à sa naissance, tout éthérée, toute belle, toute libre. Son immaculée virginité a fait sa liberté. Libre dans son cœur, libre dans son esprit, libre dans tous ses mouvements, libre dans toutes ses puissances, ah ! comment aurait-elle connu le second esclavage, celui du tombeau ? Elle ne l'a pas connu. L'affreux ver du sépulcre s'est replié et a rampé loin d'elle. Pour nous, le ver du remords nous prépare au ver du tombeau. Mais pour elle sans remords et sans tâche, quand les Apôtres ouvrirent son tombeau, à la place qu'elle avait occupée, dit la tradition, ils trouvèrent des roses ! Sans doute elle était morte, elle avait traversé la mort, mais pour ressembler à Jésus. Elle avait voulu connaître ces mystérieux défilés du trépas à travers lesquels son Jésus avait disparu d'une façon si terrible. Là où avait passé son enfant, mère admirable, elle avait soupiré de passer elle-même. Elle était donc morte, non de *mort*, comme le portait la sentence du paradis terrestre : *Vous mourrez de mort ;* elle était morte d'amour et par amour ; elle avait eu besoin de mourir pour ressembler à son Jésus adoré !

Mais voici quel fut son réveil : dans la liberté !

Jésus-Christ, dans sa résurrection, s'était levé comme l'éclair[1]. Marie se leva comme une vapeur d'encens. C'est la suave comparaison dont se sert le Cantique des cantiques. Le texte en hébreu dit : *Qui est celle-ci qui s'élève du désert comme une*

---

[1] Le Père Lacordaire a dit magnifiquement de la résurrection du Christ : *Pilate posa des gardes pour empêcher le soleil de se lever.*

petite baguette de fumée de myrrhe et d'encens? Semblable à une fumée d'encens qui monterait non en tourbillonnant, mais en droite ligne comme une *baguette*, ainsi montait la Vierge ! Jésus-Christ, vainqueur de la mort dans sa résurrection, avait autorisé les anges à jeter de côté la pierre de son sépulcre ; Marie, vapeur d'encens, sortit et monta sans que rien n'ébranlât son tombeau. Toison de Gédéon, elle avait reçu autrefois dans son sein la rosée du ciel sans bruit ; sans bruit aussi elle monta au ciel !

Et ainsi, après avoir ignoré les insultes de la concupiscence, Marie n'a pas connu non plus la captivité du tombeau. Telle est la femme libre. Elle a plané au-dessus de la concupiscence, et elle plane au-dessus des cimetières. Cette attitude n'appartient qu'à Elle. Quoique rachetés nous gardons tous des marques de notre ancien esclavage ; elle seule peut dire : Je suis la liberté ; la liberté, c'est moi ! Toutes les définitions possibles de la liberté, elle les réalise, et, seule, les réalise. On a dit : La liberté, c'est l'innocence : elle est l'Immaculée ;

La liberté, c'est la vie au grand air : elle a pris possession des airs ;

La liberté, c'est le rayonnement des puissances de notre être ; elle rayonne tellement qu'elle a ceint le soleil comme une écharpe : *la femme revêtue du soleil !* et les rayons ruissellent de ses mains. O Marie, vous êtes reine de beauté, reine de bonté, et reine de liberté ! La beauté vous appartient, la bonté vous appartient, et la liberté aussi vous appartient. Notre joie est de vous savoir toute belle, toute bonne, toute libre. Un enfant de Marie se console de ressentir l'aiguillon des tentations, en se disant : Ma mère est libre ! Il se console, à l'heure de la mort, d'être enfermé dans un tombeau, en se disant : Elle planera au-dessus ! Toutes ses puissances consacrées à Marie, crient : Vive la reine de la liberté !

III

De tous les avantages qu'elle possède, notre bonne Mère ne retient rien pour elle, mais partage avec nous ce qu'elle a reçu du ciel, et ce qu'elle a acquis par ses propres mérites. Libre, elle se fait libératrice.

Une libératrice ! Il y a dans ce mot, dans cette vision, je ne sais quoi de merveilleux, de virginal, de frais, de tendre, de dominateur, de vainqueur. Ne semble-t-il pas qu'on aperçoive, dans la nature humide et trempée de larmes, se lever l'arc-en-ciel ?

En effet, dans cette vision d'une libératrice, on entrevoit d'abord un être qui a le charme de l'*innocence*, de la pureté. Une libératrice est toujours un être pur. Le péché ne peut pas être libérateur. Esther était pure, Jeanne d'Arc sera pure.

Une libératrice, c'est ensuite l'être le plus aimant qui vient combattre, avec quoi? Avec l'*amour pour arme*. Une libératrice ne combat point précisément avec le fer des batailles, avec la lance et le bouclier ; elle ne fait pas, non plus, appel à la stratégie, à l'habileté : tout cela, c'est le combat de l'homme. Une libératrice combat surtout avec le cœur, son combat à elle, c'est celui de l'amour : le combat de l'amour, dans lequel le cœur qui aime ne réserve rien de soi, donnerait volontiers mille vies s'il les avait, et est ravi de s'immoler pour l'objet aimé. Tel est le combat d'une libératrice.

Enfin ce qui complète et achève le charme, c'est que *la délivrance est procurée par l'être le plus faible :* une femme. Le ciel l'emploie précisément à cause de sa faiblesse. Un adversaire de Dieu, un puissant du siècle, s'en croyait trop, levait trop la tête : le ciel le terrasse et l'abat par une femme !

Et ainsi : innocence, combat de l'amour, faiblesse triomphante, voilà ce que présente la vision si pure, si consolante d'une libératrice. Eh bien, ce rôle brillant et rare est par excellence celui de la Vierge Marie.

Elle l'a inauguré sur le Calvaire. Ne fut-ce pas l'innocence qui souffrit? Passion de l'Agneau sans tache et sans plainte, et compassion de sa très douce mère ! Ne fut-ce pas le combat de l'amour aux prises avec l'enfer pour lui arracher sa proie? Nous étions sa proie, Marie nous sauva. Et alors, femme, être faible, elle posa pour l'éternité son pied sur la tête du prince des ténèbres. Oh ! ce qui couvre de confusion Lucifer, cet esprit superbe et notre implacable ennemi, c'est que sa tête est sous le pied d'une femme ! Pour écraser ton orgueil et ta force, serpent maudit, le Tout-Puissant n'a pas eu recours à sa foudre, ni même à un archange, ni même à l'homme : il a employé l'être le plus faible ; tu mords la poussière sous le pied d'une femme ; elle t'écrase la tête, ta hideuse tête, de la partie la plus humble d'elle-même, de son talon !

IV

Mais, après avoir inauguré sur le Calvaire son rôle de libératrice universelle, Marie l'a continué depuis lors, à chaque minute des siècles et sur tous les points de l'espace. Partout, partout, elle prend ses délices à être, de mille manières suaves, la délivrance unie à Jésus. Qu'on en juge :

Libératrice dans les *tentations*. Quel est le cœur qui ne lui doit pas d'avoir triomphé de visions malsaines, et d'être remonté de l'abîme des pensées inférieures dans la sérénité des belles pensées et de la lumière?

Libératrice dans *les occasions*. Quelle est la plus pure colombe qui ne lui doit pas d'avoir échappé à des pièges tendus, et même à des imprudences?

Libératrice dans *les habitudes* difficiles à vaincre. C'est elle qui fait ajouter un acte de vertu à un acte de vertu, comme on ajoute dans la récitation de son Rosaire *un Ave Maria* à *un Ave Maria*. Peu à peu le Rosaire se dit ; et peu à peu aussi la vertu se forme, l'habitude mauvaise est vaincue, et à des chaînes honteuses est substituée une chaîne d'une légèreté de roses qui est le service de Marie.

Libératrice dans le *désespoir*. On l'appelle l'espoir des désespérés, la douce étoile du matin.

Libératrice *à la dernière heure*. Le ciel dira combien d'hommes s'obstinaient à mourir impénitents, lorsque quelque enfant chérie, quelque ange d'innocence inspirée par Marie, s'est offert en holocauste, a engagé le combat de l'amour et a remporté la conversion et le salut de son père !

Libératrice de *la femme*. C'est à elle, ô femmes, que vous devez de n'être plus dans une avilissante domesticité. Vous lui devez cette attitude de la femme chrétienne dont on a dit « qu'elle est forte comme la conscience, douce comme la prière, ingénieuse comme l'amour. »

Libératrice dans *les dangers de l'Océan*, dans *les maladies* de toutes sortes, dans *les calamités publiques*, dans *les épidémies*. Comptez donc, si vous pouvez, les milliers et milliers d'*ex-voto* de délivrances, qui tapissent ses chapelles et lieux de pèlerinages : autant vaudrait, n'est-ce pas, se proposer de compter les gouttes de rosée et les groupes d'étoiles ? Il y a des travaux impossibles à la faiblesse humaine : le catalogue des délivrances opérées par Marie en est un. Mais, de même qu'un acte de foi possède cette puissance : qu'il résume tous les mystères, toutes les sublimités de la religion, de même un acte de remerciement peut résumer aussi toutes les délivrances accomplies par notre Mère. Disons-lui donc du fond de notre cœur, avec la plus reconnaissante tendresse : Le port assuré de tous les naufragés, ô Marie, c'est Vous ; la consolatrice des abandonnés, c'est Vous ; la mère de tous les orphelins, c'est Vous ; la délivrance de tous les captifs, c'est encore Vous. La joie des malades, le sourire des tristes, le soleil de tous les hommes, c'est Vous, c'est toujours Vous. O Marie, ô notre reine, vous êtes la libératrice universelle. Vous aimer c'est le bonheur ; vous servir, c'est la liberté !

V

C'est l'honneur de l'Europe catholique, au moyen âge, d'avoir compris que la Vierge Marie, Reine de beauté et de bonté était aussi Reine de liberté, et d'avoir, sous ses auspices, réalisé la liberté au dedans et au dehors de ses frontières.

L'année 1305 fut comme le grand jubilé politique de la France, car, en cette année-là, eut lieu l'affranchissement des serfs, c'est-à-dire de tous les hommes de peine et de corvée. Le roi de France, Philippe le Bel, prononça alors, disent les chroniques, une parole incomparable, digne d'un prince père de son peuple, cette parole : « *Qu'il y a un royaume des Francs, dans lequel toutes servitudes ont été ramenées à franchises* ». Cette parole fit son chemin, et ce fut en France et en Europe, l'affranchissement des communes.

Le moyen âge eût accompli une délivrance incomplète, même dangereuse, s'il eût borné l'affranchissement de l'homme à la liberté extérieure : il eut le mérite de veiller à la liberté interne. En effet, on fait erreur sur la liberté quand on cherche au dehors son point de départ. Il est au dedans. Tout part de l'âme, elle est la reine de sa liberté, comme elle est la reine de son bonheur. Les choses du dehors contribuent sans doute à développer notre liberté ; les bonnes lois, par exemple, nous aident à être libres, exactement comme les biens et les richesses nous aident à être heureux. Mais la racine de la liberté, c'est l'âme qui la porte. C'est par le dedans que l'homme commence à être libre. Il faut en dire autant de la servitude : c'est par le dedans que l'homme commence à être esclave.

Eh bien, le moyen âge fit des hommes libres, parce que, avec le secours de la religion catholique et de la Dame des nations, il fit des hommes vertueux et purs. Lorsque, les sculpteurs de la cathédrale de Chartres en peuplèrent les porches d'une multitude de statues, ils représentèrent une jeune fille d'une pureté parfaite, les yeux levés au ciel, les pieds détachés de la terre ; et au-dessous ils écrivirent le nom qu'ils lui donnaient : *Libertas*, la Liberté !

Nos pères avaient raison, la pureté est également la liberté !

En ce temps-là aussi, dans les pages d'un vieux livre, sous les yeux mêmes de Charlemagne, fut inscrite cette définition : « Qu'est-ce. que la liberté? — C'est l'innocence. »

Admirable définition qui indique vraiment quel est le berceau de la liberté.

Alors même qu'on serait lié dans un cachot, si on est pur, on est libre ; au contraire, bien qu'on soit parfaitement libre d'aller et de venir, si on est corrompu, on est esclave.

Voilà pourquoi la devise des vieux Francs disait vrai : la liberté se compose, avant tout, d'innocence.

O Vierge Marie, l'Europe catholique vous était redevable de ces nobles pensées et résolutions. Vous inspiriez aux pères et mères de famille d'entourer leurs foyers de palissades de lis en tenant à l'écart les mœurs dangereuses. Lis sur les écussons, lis dans l'architecture, lis dans la sculpture, lis dans la peinture, on les trouvait partout : les lis symbole de la pureté, étaient au même degré le symbole de la liberté.

Le moyen âge faisait encore des hommes libres en faisant des hommes d'obéissance. Obéir à une sainte règle, obéir à des supérieurs, ne détruit pas la liberté, mais la consacre. Et cela, parce que l'obéissance volontaire, se posant dans la foi et dans l'amour, est le plus bel effort de la liberté. Les ailes de l'oiseau devraient, ce semble, par cela même qu'elles sont matérielles et pesantes, alourdir son vol et l'entraver ; mais non elles forment précisément le mécanisme de son essor. Ainsi en est-il de l'obéissance et de la règle : elles sembleraient vouloir enchaîner notre liberté ; c'est le contraire, elles fournissent à notre liberté son essor vers l'idéal, vers la lumière, vers le bonheur ! Or, au moyen âge, dans tous les royaumes et sur toutes les plages de l'Europe catholique, en France, en Angleterre, en Allemagne, en Espagne, des monastères de bénédictins, de franciscains, de dominicains, des cloîtres de vierges, des chapitres de chanoinesses chantaient avec l'élan de l'*Ecce ancilla Domini fiat mihi secundum verbum tuum* le bonheur d'une liberté royale dans l'obéissance au Dieu d'amour et à ses représentants dans la personne des supérieurs.

Enfin, le moyen âge faisait des hommes libres en les faisant grandir dans les épreuves.

En effet, n'est-il pas vrai que les épreuves, lorsqu'elles nous trouvent armés de la foi, de l'espérance et de l'amour, les épreuves bien loin de faire fléchir notre liberté la dégagent et la purifient. Nous avons un but à atteindre qui est le Ciel ; la terre n'est que le chemin, mais chemin où il y a encore bien des charmes. Voilà pourquoi les épreuves nous sont souvent nécessaires ; nécessaires pour nous arracher aux séductions de la route et nous faire reprendre notre liberté. Sous leurs avertissements salutaires, captifs à tout instant des créatures, nous nous dégageons de leurs liens ;

nous reprenons notre liberté, notre élan, notre courage ; nous disons aux créatures : « Adieu, je reste votre ami, mais pas votre esclave ; adieu, je m'en vais à mon Père, au but qui est l'éternelle Beauté et l'éternel Amour !

C'est de ce dégagement des créatures qu'est sorti l'élan des Croisades, et c'est alors que l'Europe catholique, franchissant ses limites, a promené hors de ses frontières la délivrance et la liberté.

O Vierge Marie, vous avez été l'inspiratrice de cet élan, et vous l'avez soutenu. Au départ des armées des croisés, toutes les cloches de la chrétienté sonnaient l'*Angelus*.

Cloches joyeuses, sonnez la délivrance du tombeau de Jésus-Christ.

Sonnez la libération d'une multitude de chrétiens gémissant dans les chaînes et les outrages de l'Islam.

Sonnez l'union fraternelle des Etats européens, sonnez la bravoure des chevaliers, les noms d'Urbain II, de Godefroy de Bouillon, de Tancrède, de Richard Cœur de Lion, sonnez le nom de saint Louis, sonnez le nom de saint Pie V.

Sonnez, sonnez les cris d'amour et de reconnaissance acclamant la Dame des Nations, Reine de beauté, de bonté et de liberté.

Telle fut la sainte ivresse du moyen âge autour de Marie : qu'on nous permette d'y joindre la nôtre.

VI

Un poème sur la Vierge Marie considérée comme libératrice serait d'une incomparable richesse et d'une indicible beauté : et cependant, il faut renoncer à le composer sur cette terre. Ici-bas, nous en fournissons les matériaux ; le temps fournit le fond, mais la forme du poème ne peut venir que de l'éternité !

Il faut renoncer à le composer ici-bas, ce poème de la Libératrice, parce que chaque cœur voudrait y avoir son histoire, chaque famille, ses traits de protection, chaque lieu de pèlerinage, la légende de ses ex-voto ; et chaque âme du purgatoire voudrait y faire monter l'accent de ses soupirs et de sa reconnaissance. Pour un tel poème, il faut le ciel !

Il faut renoncer à le composer ici-bas, parce que, pour un pareil poème, il serait nécessaire d'y réunir plus d'enthousiasme que dans le livre de Débora, plus de majesté et de vigueur que dans le livre de Judith, plus de grâce et de beauté que dans l'histoire d'Esther ; pour un pareil poème il faudrait pouvoir tremper sa plume dans les couleurs de *l'arc-en-ciel ! Là-haut, nos lèvres seront purifiées,* nos poitrines seront pleines de l'Esprit-Saint, et *les rubis s'enchâsseront comme d'eux-mêmes dans* nos pensées pour célébrer la Libératrice : par conséquent au ciel il faut renvoyer son poème !

O Débora, ô Judith, ô Esther, libératrices du peuple d'Israël, vous, vous avez eu vos poèmes sur la terre ; Marie, libératrice du peuple catholique, n'aura le sien que dans le ciel. Là, vous nous aiderez vous-mêmes à la chanter !

Moïse n'a entonné son magnifique cantique de délivrance qu'après le passage de la mer Rouge, sur la rive de la Terre promise. Nous aussi, nous n'entonnerons le grand cantique de Marie qu'après le passage du temps, sur les rives de l'éternelle Patrie !

Au ciel donc, nous renvoyons votre poème, ô Marie. Pardonnez ce délai. Tous alors, nous déposerons à vos pieds des chaînes et des couronnes ; nos chaînes, brisées par vous, diront votre puissance ; nos couronnes obtenues par vous, diront votre miséricorde ! Nous ôterons de nos fronts nos couronnes, nous les déposerons à vos pieds : oui, à vos pieds, nos chaînes et nos couronnes ! Dans le lointain on apercevra l'Enfer qui aura été vaincu, la Mort dont l'aiguillon aura été brisé ; il n'y aura plus rien à craindre ; la Femme, revêtue du Christ comme du soleil, dominera tout... Oh ! que le poème alors sera facile et splendide ! Tous nous serons poètes. Tous nous nous écrierons avec transport, *en entourant à l'envi notre mère, et en tendant* nos bras vers elle : *Elle est la gloire de Jérusalem, elle est l'honneur de notre peuple,* elle est la Libératrice !

TABLE DES MATIÈRES

TROISIÈME PARTIE

Les beaux jours des Nations
et l'éclat de Notre-Dame à l'époque de la chrétienté

PREMIÈRE SECTION

SON ÉCLAT DANS LES BIENFAITS QU'ELLE RÉPAND

CHAPITRE PREMIER. — L'époque mémorable de la chrétienté 5

CHAPITRE II. — Premier bienfait de Notre-Dame. La réciprocité d'amour qu'elle provoque à l'égard du Dieu d'amour 15

CHAPITRE III. — Deuxième bienfait de Notre-Dame: Elle complète la beauté morale de la femme............ 30

CHAPITRE IV. — Troisième bienfait de Notre-Dame: Les bons Princes 43

CHAPITRE V. — Quatrième bienfait de Notre-Dame : L'épanouissement des œuvres de charité au milieu des nations................................ 72

CHAPITRE VI. — Cinquième bienfait de Notre-Dame : Le secours dans les dangers................... 92

CHAPITRE VII. — Sixième bienfait de Notre-Dame : Répartition aux nations chrétiennes de faveurs spéciales dans l'ordre surnaturel.................... 109

DEUXIÈME SECTION

SON ÉCLAT DANS LES HONNEURS QU'ELLE REÇOIT

CHAPITRE PREMIER. — Cathédrales et cérémonies en l'honneur de la Vierge qui les inspire........... 133

CHAPITRE II. — Séraphins de la terre thuriféraires de l'auguste Vierge................................ 152

CHAPITRE III. — Les chevaliers de Marie........... 171

Chapitre IV. — Chants d'amour à Notre-Dame....... 185

Chapitre V. — Légendes mariales................. 202

Chapitre VI. — La Scolastique servante de la Servante
  du Seigneur................................. 220

Chapitre VII. — Les Beaux-Arts célèbrent à l'envi la
  la Dame des nations, Reine de beauté et de bonté. 235

Chapitre VIII. — Continuation du chapitre précédent. 244

Chapitre IX — La Reine de beauté et de bonté est
  aussi Reine de liberté...................... 277

Lyon. — Imprimerie Em. VITTE, 18, rue de la Quarantaine.

DU MÊME AUTEUR

En vente aux librairies V. Lecoffre, E. Vitte, A. Nouvellet, les ouvrages suivants du même auteur sur la Vierge Marie :

La Vierge Marie présentée à l'amour du XXe siècle. — Un vol. in-12, **3 fr. 50**.

La Mère des chrétiens et la Reine de l'Eglise. — Un vol. in-12, **3 fr. 50**.

La Vierge Marie dans l'histoire de l'Orient chrétien. — Un vol. in-12, **3 fr. 50**.

La Journée séraphique de celles qui ont choisi la meilleure part. — Un vol. in-12, **3 fr. 50**.

www.ingramcontent.com/pod-product-compliance
Ingram Content Group UK Ltd.
Pitfield, Milton Keynes, MK11 3LW, UK
UKHW022325090726
13658UKWH00001B/82

9 782019 990657